イスラームを知る
18

激動の中のイスラーム

中央アジア近現代史

Komatsu Hisao
小松 久男

激動の中のイスラーム　中央アジア近現代史　目次

第4章　イスラームの政治化と過激化

監修：NIHU（人間文化研究機構）プログラム　イスラーム地域研究

激動の幕開け

一八六五年の初め、中央アジア南部のオアシス地域に侵攻したロシア軍は、タシュケントの攻略を目の前にしていた。それは大きくみれば、イギリス・ロシア二つの帝国がユーラシア大陸を舞台に展開していた「グレートゲーム」の重大な局面であった。このままロシア軍が南下を進めれば、イギリス領インドは北からのロシアの脅威にさらされることになるからである。しかし、ロシア軍の侵攻という事態をもっとも憂慮していたのは、もちろん現地のムスリム(イスラーム教徒)住民であった。中央アジア[1]最大の商業都市タシュケントを失えば、コーカンド・ハン国の命運はつきる。

このときロシア軍を迎え撃ったコーカンド・ハン国の軍司令官アーリムクル(一八三三〜六五)には、ターイブ(一八三〇〜一九〇五)という有能で忠実な部下(儀典官)がいた。文筆の才と教養に恵まれた彼はアーリムクルの信任あつく、この危機にあたって密命を与えられた。すでにチムケントを占領したロシア軍の司令官チェルニャエフと交渉して和平条約を結ぶこと、これが彼の使命であった。交渉の末にみごと交渉をまとめたターイブは、

1 本書で用いる中央アジアとは，1991年にソ連から独立したカザフスタン，キルギス，ウズベキスタン，タジキスタン，トルクメニスタンの5カ国からなる地域をさしている。

神への感謝を捧げるべく、タシュケント近郊のゼンギーアタ廟に参籠し、夜を徹してクルアーン(コーラン)の全章を詠みとおしたという。彼の心は安堵と感謝の念で満たされていたにちがいない。

そこへアーリムクルから、フジャンドにいる自分のもとへ出頭するようにとの命令が届く。御前にまかりでたターイブにアーリムクルはこういったという。「こたびの和平ははなはだよろしく、これにまさる和平はあるまい。しかし、一点受け入れがたいことがある」。なにゆえにとたずねると、曰く。

この和平はもちろん神の僕《しもべ》たる民に益し、国の安寧、宗教と信徒のためになろう。しかし、トルキスタンとフェルガナの衆はひどく無知蒙昧《もうまい》にして、利害の別もわきまえぬ好戦的で野蛮な輩《やから》である。この和平を結べば、無知な衆はいうだろう。総司令官と儀典官の呪うべき二人がおのれの安全と安楽を望み、これほどのムスリムをロシア人の手にゆだね、和平を結んだ。もし彼らが尽力していれば、われらはみな聖戦に起《た》ち、こなたではオレンブルグを、かなたではセミパラチンスクまでも征したことだろう、と。われらの死後もわれらの臆病を未来永劫《えいごう》のしるしにちがいない。戦いとなっても死ぬのは私だけだ。民は救われ、呪いの必要もあるまい。もう和平のことを口にしてはならぬ。[2]

2 Timur K. Beisembiev, *The Life of ʿAlimqul,* pp. 73-74, LIII-LIV.

こうしてターイブの努力は水泡に帰する。タシュケントの防衛に勇戦したアーリムクルが陣没すると、ターイブは同じくコーカンド・ハン国の武将ヤークーブ・ベク(一八八七年没)に従ってカシュガルに渡り、清朝領内の新疆にムスリム政権を樹立した彼のもとで、ヤルカンドの代官に任命される。

ロシア軍はその後も作戦行動を展開し、ロシアは中央アジア南部の新しい植民地を統治するために、一八六七年ターイブの故郷タシュケントにトルキスタン総督府を設置した。日本の歴史でいえば、ちょうど大政奉還の年にあたる。こうして中央アジアのムスリムは、ロシアという異教徒の帝国の中で、日本とはまったく異なるかたちで近代をむかえることになった。かつてターイブが参籠したゼンギーアタ廟も、このあと半世紀におよぶ帝政ロシアの統治に続き、一九一七年のロシア革命と内戦、社会主義の実現をめざして壮大な改造をおこなったソ連の時代、そして一九九一年のソ連からの独立とグローバル化した国際社会への参入という、激動の近現代史を見守ることになった。それでは、このような激動の中で中央アジアのイスラームはどのように展開したのだろうか、本書はここに焦点を合わせてみたい。

◀裏手の墓地から見たゼンギーアタ廟(1920年代以前)

中央アジア史の概観

本題にはいる前に、近代以前の中央アジア史を概観しておこう。

ロシアに併合された他のイスラーム地域、とりわけヴォルガ・ウラル地方や西シベリアと異なり、中央アジアにおいてロシアに組み込まれたのは、ロシア人がキリスト教を受け入れるよりもずっと前に、イスラーム文化が高度に発達し、しかも住民がイスラームを受容する前から連綿たる文化をはぐくんでいた地域であった。

これはロシアの東洋学者バルトリドの名著『トルキスタン文化史』冒頭の一節である。イスラーム以前の文化といえば、サマルカンドやブハラのようなオアシス都市を郷土とし、やがてシルクロードの担い手として東西を結ぶ通商に活躍したイラン系のソグド人が知られている。彼ら農業と通商を基盤としたオアシスの定住民と中央ユーラシアの大草原を舞台に興亡を繰り返した騎馬遊牧民とが、中央アジア史の主人公であった。

この地にイスラームをもたらしたのは、七世紀末イラン方面から北上してオアシス地域に侵攻したアラブ人であった。新しく活力にあふれたイスラームは、ソグド人らが信仰していたゾロアスター教や仏教、キリスト教あるいはテュルク(トルコ)系遊牧民のシャーマニズム信仰にとってかわっていった。もっとも、これらの信仰の伝統はときにイスラームの衣装をまとって生き残り、今も人々が現世利益の願をかけに訪れる参詣地にその痕跡をとどめているのは興味深い。ちなみに、ゼンギーアタ廟の境内には彼の妻であったアンバル・アナ(ビビ)の廟があり、それは古代のゾロアスター教の女神アナーヒタや古代テュルク人の女神(大地母神)ウマイの表象を伝えているという説もある。イスラームは、まず南部のオアシス地域に根をおろし、そこから草原や高原の遊牧民の間に広まっていった。イスラーム化とともに、人々が使う文字はアラビア文字に一元化され、やがて、いずれもアラビア文字で表記されるペルシア語とチャガタイ語がおもな文章語となった。

地理的にみれば、中央アジアはアッバース朝期のイスラーム文明圏の北部辺境に位置していた。しかし、ここからは多くの名だたる学者たちが輩出している。例えば九世紀の学者ブハーリー(八一〇~八七〇)は、預言者ムハンマドの言行録であるハディースの編纂で知られている。口伝のハディースは、クルアーンについでムスリムが従うべき規範の典拠として尊重されていたが、時をへるうちに改変や偽造がおこなわれるようになった。これに危機感を覚えたブハーリーは、各地をめぐって膨大な数のハディースを収集し、その中から信頼に足るものだけを厳選して『真正集』を編纂したのである。これはスンナ派の間では、現在にいたるまでもっとも権威あるハディース集とされている。ちなみに中央アジアのイスラームはスンナ派が多数を占めるように

◀**ゼンギーアタ廟の境内にあるアンバル・アナ**(ビビ)**廟**(1920年代以前)

なり、シーア派の集団は現タジキスタン東南部のバダフシャン地方に居住するイスマーイール派などに限られている。このハディース学をはじめ、法学や哲学、自然科学、医学、アラビア語文法学などの分野でイスラーム文明に貢献した中央アジア出身者は少なくない。のちにイスラーム世界有数のスーフィー教団となるナクシュバンディー教団発祥の地も古来のオアシス都市ブハラであった。ここはやがて中央アジア随一の学問の都となり、「聖なるブハラ《ブハーラーイ・シャリーフ》」の雅称でよばれるようになった。

　中央アジアは、モンゴルの侵攻で一時大きな打撃を受けるが、ティムール朝期には史上名高い繁栄を享受した。壮麗なゼンギーアタ廟が建てられたのも、この時代のことである。ここに眠るのは、アラブ系ともいわれ、肌が黒かったことから「黒き師父」、すなわちゼンギーアタの名で知られるようになった聖者である(一二五八年没)。彼はテュルク系遊牧民の間にイスラームを広めたことで名高いアフマド・ヤサヴィ

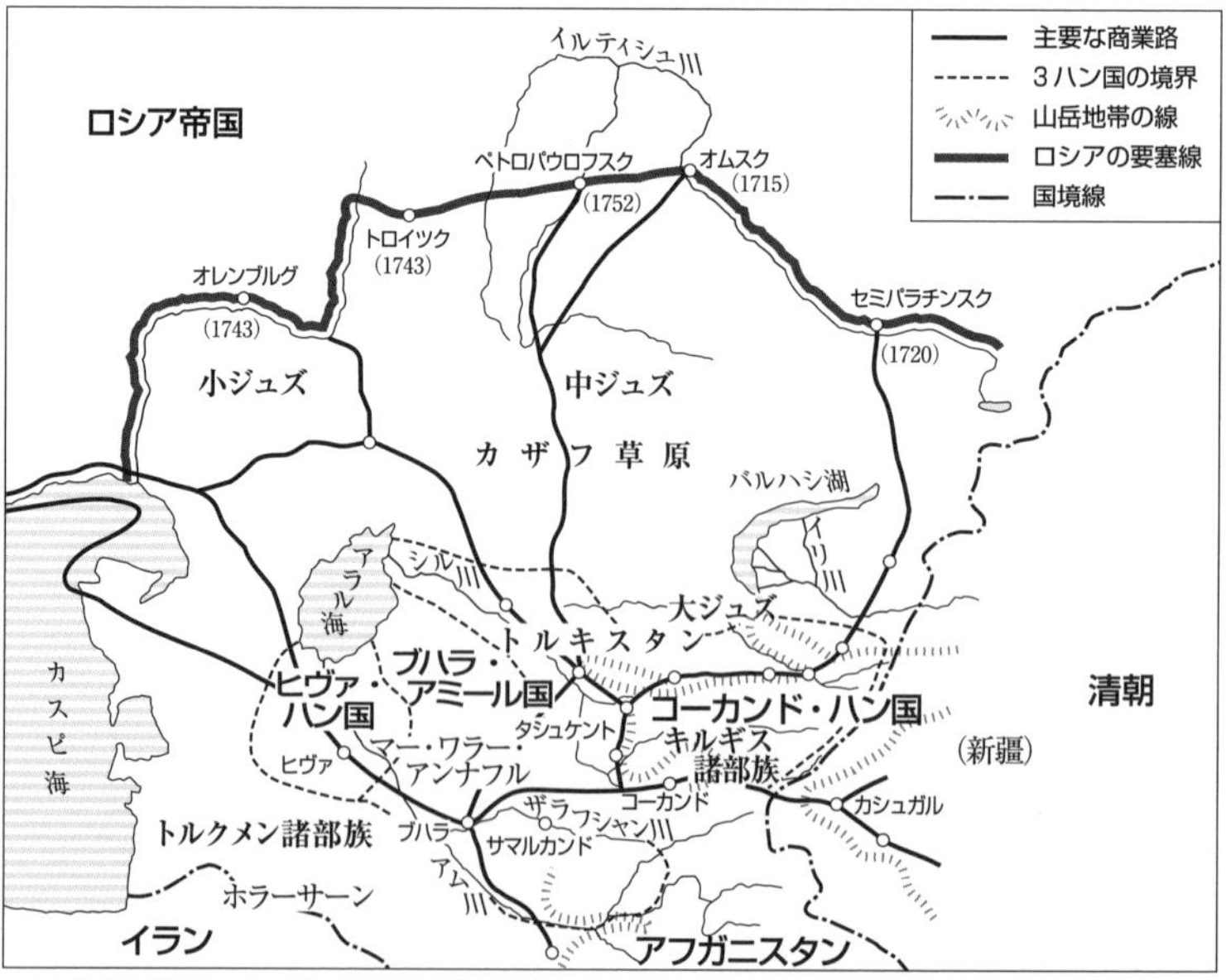

▲19世紀初頭の中央アジア(小松久男編『中央ユーラシア史』332頁をもとに作成)

ー（一一六六／六七年没）の教えを継いでいた。伝承によると、ゼンギーアタがひたすらアッラーの名を唱えつつ忘我の境地にはいっていくと、その周りには自然と雌の羊が集まってきたという。彼は羊飼いのいわば守護聖者でもあった。ティムールの治世（一三七〇〜一四〇五）にこの聖者の墓が「発見」されると、ティムールはこれを護るために墓廟を建設した。それは王朝の威勢とともに、イスラームの保護者としての姿勢を示すためだったのだろう。以来、この廟は聖者による神へのとりなしを期待して、戦勝から息災までさまざまな願いを胸にした人々の参詣する場となった。

中央アジア史では、北部の草原にいたテュルク系遊牧民の集団が南部のオアシス地域に進出し、やがて自らも定住生活に移行するというサイクルが繰り返された。軍事力にまさる騎馬遊牧民は、ここにいくつもの政権を樹立したが、定住民はこれにしたたかに従うのが常であった。十五世紀末に到来したウズベク遊牧集団は、その最後の大波といえる。十六世紀初めにティムール朝を倒した彼らは、チンギス家の君主（ハン）を推戴しながらすでにイスラームを受け入れており、ウズベクのシャイバーニー・ハン（在位一五〇〇〜一〇）は、「ときのイマーム、寛大なるカリフ」と称したほどである。時をへてみずからも農民や都市民となったウズベクは、先住のイラン系のタジクやさまざまなテュルク系の定住民と共通の生活様式を備えるようになった。

十八世紀にはいると、現代につながる諸民族の姿と配置がみえるようになる。まず、カスピ海にそそぐヴォルガ下流域からバルハシ湖東方にいたる大草原(カザフ草原)には、カザフが大・中・小三つのジュズ(部族連合体)に分かれ、チンギス家の血を引くハンたちのもとに遊牧集団を形成していた。十八世紀初め、チベット仏教を信仰する東方のモンゴル系遊牧国家ジュンガルの猛攻にさらされた彼らの間には、しだいにカザフとしての一体感が生まれたという。また、天山山脈西部とフェルガナ盆地周辺の高原や山麓《さんろく》部には、やはりモンゴル系遊牧勢力の圧迫を受けて東方から移動してきたキルギス遊牧集団が展開していた。キルギスは山岳地域の条件もあって部族ごとの自立性が高く、政治的に統一されることもなかったが、『マナス』のような口承の英雄叙事詩を共有していた。カスピ海とアム川との間に展開するトルクメンも多数の部族に分かれ、アム川下流のホラズムやザラフシャン川下流のブハラを拠点とするウズベク政権への服従と離反を繰り返していた。彼らの間でも定住化のプロセスは進行していった。

こうしたなかで、イスラームは中央アジアの社会と文化にゆるやかな統合と秩序をもたらした。とくにスーフィー教団は、さまざまな集団の別をこえて人々を結びつける役割をはたした。なかでもナクシュバンディー教団は遊牧民出身の君主や軍人に絶大な影響力をふるい、イスラーム的な秩序を維持する立場から政治に介入することもあった。しかし、イスラーム法が十分に機能していたのは南部のオアシス定住民の社会であり、遊牧民の間では古来の慣習法が尊重されていた。定住民か遊牧民かという生活様式の違いは、自他を区別する決定的な要因であり、部族やオアシスの別も明確に意識されていた。現代のような民族の意識が定着するのはソ連時代になってからのことである。

十八世紀の前半、中央アジアの安定はウズベク諸部族間の抗争に加え、ジュンガルやイランのナーディル・シャー(一六八八〜一七四七)[3]など、外敵の侵攻によって失われた。しかし後半にはいると、中央アジアの国際商業へロシア領内のテュルク系ムスリム(タタール人)やインド人の商人も参入して、経済は活気を取り戻すようになった。カザフのアブライ・ハン(一七八一年没)が、ジュンガルを討伐した清朝とロシアという東西の大国に二重の朝貢をおこなって、遊牧カザフの独立をたくみに確保していた頃、南部のオアシス地域では個々のウズベク部族がブハラ、ヒヴァ、コーカンドを中心に新たな政権を樹立し、灌漑事業による農業開発や清朝・ロシアとの通商によって経済的な発展をめざしていた。これらのウズベク君主たちは、もはやチンギス家の血統に頼らず、むしろ敬虔《けいけん》なムスリム君主を標榜して支配の正当化をはかり、スンナ派イスラーム世界の盟主、オスマン帝国のスルタン・カリフに使者を送って忠誠の意を表明した。しかし、いずれの政権もロシアの脅威が目前に迫るまで、近代世界の変化をとらえ、これに適応するすべを知らなかった。

3 弱体化したサファヴィー朝にかわってイランを統一し，アフシャール朝を樹立した。中央アジアや北インドにも進出したが，彼が暗殺されると王朝は崩壊した。

第1章　ロシア統治下のイスラーム

ロシアの中のムスリム地域

中央アジアに侵攻する以前から、ロシアはすでにヴォルガ・ウラル地方、西シベリア、クリミア半島、コーカサス、カザフ草原などの広大なムスリム地域を支配していた。この歴史は一五五二年、イヴァン四世(雷帝、在位一五三三〜八四)がモンゴル帝国の継承国家の一つ、ヴォルガ中流域のカザン・ハン国を征服したときに遡る。ロシアは、このときはじめてイスラームを信仰する集団を臣民としたが、それはタタール人という異民族を従えたという意味で、多民族帝国への出発点でもあった。以後、ロシアは何世紀にもわたる膨張の過程で、言語も生活様式も多様なムスリム集団を支配下に組みいれていくことになる。

歴代のツァーリがイスラームに対してとった政策は概して抑圧的であった。タタール軍人の一部は信仰を保持しながら軍務タタールとしてツァーリに仕えていたが、ロシア正教会はムスリムに対する宣教活動をおこない、それは改宗者には税や徴兵を免除する行政的な措置をともなうこともあった。イスラーム史上でもまれなクリャシェン(「受洗者」の意)とよばれる改宗者の集団が生まれたのは、こうした条件のもとであった。ピョートル一世(在位一六八二〜一七二五)は軍務タタールに正教への改宗を迫り、一七四〇年代初めにはカザン地方に五三六を数えたモスクのうち、じつに四一八が破壊された。前述のバルトリドは、ロシア領内のムスリムの状況は多くの点でオスマン帝国内のキリスト教徒の境遇よりも劣悪であったと指摘している。

このような政策に変化をもたらしたのは、啓蒙専制君主として知られる女帝エカチェリーナ二世(在位一七六二〜九六)であった。女帝はオスマン帝国との戦争に勝利して、十五世紀以来オスマン帝国の宗主権下にあったクリミア・ハン国を併合する一方、啓蒙思想家ヴォルテール(一六九四〜一七七八)の感化を受けて、イスラームを「進んだ宗教」と認め、ムスリム臣民に対して寛容な政策をとるほうが国益にかなうと考えた。イスラームをとおしてヴォルガ以東の制御しがたいカザフ遊牧民を教化すれば、辺境地域の安定化をはかることが可能となり、また、中央アジア人と同じテュルク系ムスリムで商業にたけたタタール人を活用すれば、ロシア人にはアクセスの難しい中央アジアとの通商を拡大することができるからであった。実際、十八世紀末以降ロシア・中央アジア間の通商は飛躍的に拡大している。そして、隊商の往来が活発になるとともに、ヴォルガ・ウラル地方からは「聖なるブハラ」に向かう留学生の姿がめだつようになった。彼らは、通商で築いた資産を郷里のモスクやマドラサ（高等学院）などにワクフ（公共目的の寄進財源）として寄進したタタール商人と並んで、長いロシア統治下で衰えたイスラームの復興を担うことになる。通商の拡大にともなって中央アジアの情報が蓄積されていったことも、その領有をめざすロシアにとっては重要な意味をもっていた。

さらに女帝は一七八九年、国内のムスリムを管理するためにムスリム宗務協議会を創設した。ヴォルガ・ウラル地方のウファに開設された協議会は、議長《ムフティー》と三人の理事《カーディー》からなり、各地のモスクのイマーム（宗教指導者）、ハティーブ（説教師）、ムダッリス（高等学院の教授）などの資格審査のほか、婚姻や相続などイスラームの家族法にかかわる手続きや問題を担当した。ロシア内地とシベリアのムスリム地域にはロシア正教会の教区にならって、金曜モスクを中心とするマハッラが設定され（帝政末期には五七七一区）、各マハッラのイ

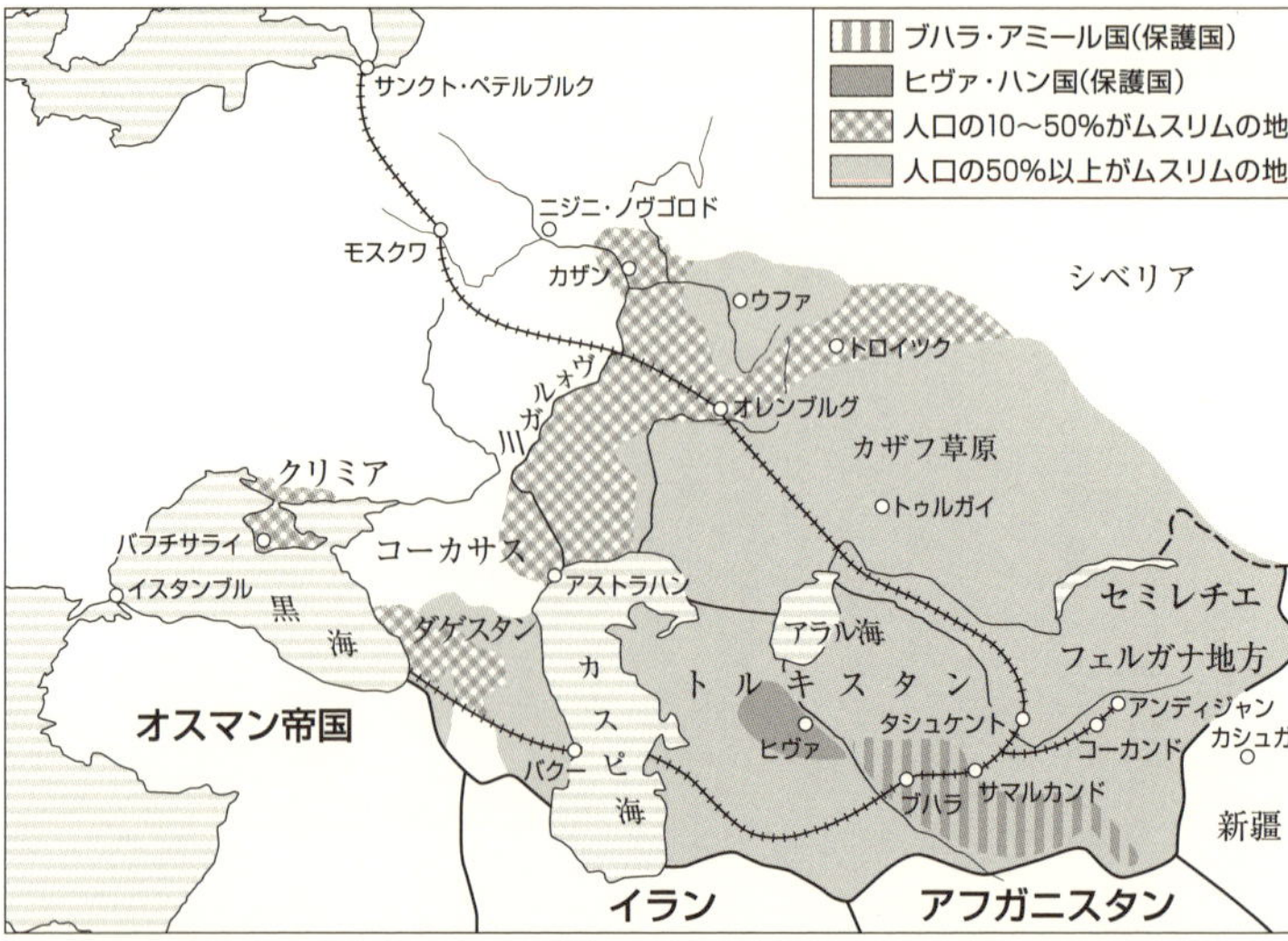

▲**20 世紀初頭のロシア・ムスリム地域**（小杉泰編『イスラームの歴史 2』133 頁をもとに作成）

マームは協議会の監督下にムスリム住民の戸籍も管理した（クリミアやコーカサスには別個の宗務理事会が設けられた）。こうしてイスラームはロシア帝国公認の宗教となり、内務省の監督下に公的な組織と制度を獲得することになった。イマームらの役職者は、これも正教会の例にならって「聖職者」とよばれた（ムスリム側は一般にムッラーと呼んだ）。正教会の宣教活動はその後も続いたが、女帝の施策ののち、ロシア領内におけるイスラームの復興はタタール人を中心に確実に進展した。

この頃からカザフ草原にはタタール人の商人や聖職者が進出するようになったが、これまで遊牧カザフのハンたちの臣従を鷹揚《おうよう》に受け入れてきたロシアは、一八二〇年代にはいるとハンたちの特権を奪い、草原に直接統治を導入した。一八二四年のこと、ロシアの恫《どう》喝《かつ》を受けたあるハンが、清朝皇帝から授けられたハンの爵位を、草原まで届けにきた清朝使節の面前で辞退しなければならなかったのは、その象徴的な事件である。土地の収奪や遊牧民の季節的な移動ルートの切断などをともなったロシア統治に対して、カザフは各地で反乱を起こした。アブライ・ハンの血を引くケネサル・サドゥク父子は、四〇年にもおよぶ闘争（一八三七〜七七年）を展開したことで知られている。しかし、ロシア統治は強化され、やがて草原の縁辺にはスラヴ系農業移民の姿が多数あらわれることになった。

ほぼ並行してコーカサスの征服を進めていたロシアは、ここでムスリム諸民族の激しい抵抗に直面した。ロシア軍はナクシュバンディー教団のシャイフ・マンスールの指揮するジハード（一七八五〜九一年）に続き、山岳地域の制圧過程では、長期にわたるコーカサス戦争（一八一七〜六四年）を戦った。とくに今日のチェチェン・ダゲスタン地域に厳格なイスラーム法にもとづいた国家を形成し、その指導者《イマーム》としてロシア軍に対する熾烈《しれつ》なジハードを展開したシャミール（一七九七?〜一八七一）は、現代にいたるまでムスリムによる抵抗運動のシンボルとなっている。こうしてカザフ草原とコーカサスを制したロシアの目は、中央アジアの南部地域、すなわちトルキスタンに向けられることになった。

征服と服従

ピョートル一世をはじめ、豊かなインドへの道を開くことはロシアの宿願であった。さらにインドを拠点に中央アジアへの浸透をはかるイギリスに対抗するには、トルキスタンを確保することが不可欠であった。そこは綿花を産し、ロシアの新しい市場としても有望であった。クリミア戦争（一八五三〜五六年）とコーカサス戦争をへたロシア軍は、政府の承認をえることなく、一八六四年コーカンド・ハン国に対する本格的な軍事行動を開始し、シル川流域のトルキスタン[1]やチムケントなどコーカンド側の拠点を次々と攻略していった。オスマン帝国への支援要請もむなしく、コーカンド軍は近代装備のロシア軍の前に敗れ去

[1] このトルキスタンは地域名ではなく，ヤサヴィー廟を中心に発展した都市の名称。旧称はヤス。

るが、敗戦にはもう一つ注目すべき側面があった。あるコーカンドの史家はトルキスタン市周辺のカザフ遊牧民がロシア軍に寝返ったことについて、次の詩句を引用している。

正義と公正は、異教徒であろうとなかろうと
王権を保つには有効なものと知れ
信仰なき正義は、世の秩序にとって
信者の暴虐にまさる[2]

かねてからコーカンド・ハン国の総督の暴虐に苦しんでいたカザフたちは、異教徒たるロシアの「正義」に期待してロシア軍に降《くだ》ったというのである。同様な対応は一八六八年、ブハラ領のサマルカンドがロシア軍に開城したときにもみられた。ジハードをはたすはずのブハラ軍が算を乱して敗走したあと、ムスリム市民を代表してロシア軍との交渉に臨んだのは、イスラーム法の裁判官《カーディー》カマールッディーンであった。市外に布陣したカウフマン将軍のもとをたずねた彼は、かつて預言者ムハンマドがマッカ(メッカ)での迫害を逃れるために信徒をキリスト教徒の統治するアビシニアに避難させた故事を引いて、ムスリムが異教徒の保護下にはいることを正当化するとともに、こう述べている。「イスラームの定めにもかかわらず、ウズベクの支配者からどれほどの抑圧を受けたことか。たとえ異教徒であっても公正な支配者は、ムスリムの暴君にまさる」と。

2 小松久男「聖戦から自治構想へ」『西南アジア研究』69号，2008年，61頁。

この論理は、ロシアに対する恭順の意思を表明する一方で、ロシアにムスリム臣民を公正に遇すること、換言すればイスラーム法の施行を容認することを求めるものでもあった。実際、カマールッディーンはカウフマンに対してイスラーム法を尊重し、イスラーム法とムスリムの儀礼を監督するために裁判官を任命するように請願している。同様な請願はタシュケント開城のさいにも都市の貴顕によってなされていた。彼らは「白きツァーリ」(ロシア皇帝)と総督イスケンデル[3]・チェルニャエフの名においてムスリム住民宛の命令を公布するように求めたが、そこには次のように記されていた。

何事においても全能の神のご命令と(預言者)ムハンマド――彼とその子孫に神の祝福あれ――の正しき宗教の教え、彼によって定められた法に従い、みじんもこれに反することなきようにふるまうべし。……どこにあろうと日に五回、定められた時間を違《たが》えることなく礼拝をおこなえ。ムッラー(学識者・教師)には規則正しく学校に通ってイスラームの法を教えさせ、生徒には一時間であれ、一分であれ時間を無駄にさせないように。……住民は彼ら自身の仕事にいそしむべし。バザールの者たちは商売に励んで無為に時を過ごすことがなきように。各自各々の仕事をすべし。……汝らのイスラーム教は、アルコール飲料、賭け事やみだらな行為を禁止しているがゆえに、イスラーム法に反する新奇なことはすべて注意して避けるように。[4]

[3] イスケンデルはイスラーム世界にも広く知られた伝説の英雄，アレクサンドロス大王のことであり，ここではチェルニャエフの武勇をたたえる表現となっている。

[4] E. Schuyler, *Turkistan: Notes of a Journey in Russian Turkistan, Kokand, Bukhara, and Kuldja,* Vol. 1, New York, 1877, pp. 115–116.

このように「白きツァーリ」は、イスラームの戒律と法を遵守するとともに日常の業務をつつがなくおこなうことを命じていた。トルキスタンのムスリムは、公正な統治とイスラーム法の施行を条件としてロシア統治を受け入れたといえるだろう。

タシュケントを喪失したコーカンド・ハン国は、その後ブハラ軍の攻撃と領内のキルギス遊牧民の反乱によって衰弱し、一八七六年ロシアに併合された。同じくロシア軍に敗れたブハラ・ヒヴァ両国はあいついでロシアの保護国となり、その君主は国内では専制君主、国外ではツァーリの忠実な臣下としてふるまった。そして、カスピ海沿岸から鉄道を敷設したロシア遠征軍が一八八一年、剽悍《ひょうかん》なトルクメンの抵抗をギョクデペ要塞の戦いで粉砕した時、ロシア領トルキスタンは事実上その完成をみた。このときに確定された国境線は、ほぼそのままのちのソ連邦に継承されることになる。

この植民地統治を担ったのは、陸軍省管轄下のトルキスタン総督府であった。初代総督カウフマン以来、ロシア陸軍の将官が総督に就任し、その指揮下で陸軍将校が州と郡の軍事・行政を統括するという軍政が施行された。しかし、辺境の広大な植民地にロシア統治をゆきわたらせるには無理があり、州・郡の下の行政単位である郷では、ムスリム住民から選ばれた郷長と判事が日々の行政を担い、イスラーム法に従って民事案件を処理していた。総督府は治安と徴税を優先し、ムスリム社会に対しては干渉

◀**ロシア軍の攻撃から逃れるトルクメン人たち**(ヴェレシチャーギン画)

Column #01

イブラヒムの中央アジア旅行記

タタール人の汎イスラーム主義者でジャーナリストのアブデュルレシト・イブラヒム（一八五七～一九四四）は、一九〇七～〇八年にロシア領のトルキスタンと保護国ブハラを旅し、その見聞を大旅行記『イスラーム世界——日本《ジャポンヤ》におけるイスラームの普及』（イスタンブル、一九一〇年）に記した。批判精神に富んだ彼の筆は、同時代の状況をあざやかに描いている。例えば、教育について次のように述べている。

驚嘆し、遺憾とすべきことがある。今日にいたるまでトルキスタンのムスリムには〔近代的な〕学校がないのである。ロシア語を解する者は地元のムスリムの間にはまれである。ムスリムは宣教師を恐れて、これまで子弟をロシアの学校には送らなかった。こうしてトルキスタンのムスリムは総じて無知の海に沈み、悪徳と飲酒の習癖が急速に広まっている。人はこのような様を見れば、トルキスタン人は死を宣告された民族だと言いかねないかもしれない。しかし、うち続く抑圧の夜にときおり閃光《せんこう》を放つ稲妻のように、いずれの都市にもムスリムの自発的な努力によって開設された小さな初等学校や、古くから残るマドラサ〔イスラームの高等学院〕があり、いささかの希望をつないでいる。生命の兆しが現れるとすれば、それはここから生まれるだろう。トルキスタンの征服から三五年になるにもかかわらず、ロシアの高等学校を修了したムス

◀イブラヒムの肖像　トルキスタンのあと，シベリア，日本，朝鮮，中国，シンガポール，インド，アラビア半島をへてイスタンブールにいたる大旅行をおこなった。

リムは一人もいない。近い将来にもそれを期待することはできない。

〔『ジャポンヤ』一二〜一三頁〕

彼はジャディード運動、すなわち新方式学校の普及に期待を寄せていることがわかる。

ロシアの保護国ブハラの現状についても、彼の指摘は鋭く、厳しい。

ブハラ政府は、今も将来もどう見ても希望が持てる状況ではない。ブハラ人にとっても、ほかのムスリムにとっても、宗教あるいは人道の観点から見ても、ほとんど益は見込めない。アミールの称号を帯びたロシアの下僕、アブドゥルアハド・ハンの強欲に仕え、ブハラ国民の生来の能力を毀損《きそん》する以外なんの役にも立たない不幸な専制政府があるのみである。これはブハラの民衆から直接略奪して得た金をペテルブルクに送るための手段、口実なのである。ブハラのアミールはかくも高貴なる御仁ゆえに、ロシア人がどこで事を始めようと、そこへ駆けつける。バルト海に浮かぶ一隻の装甲艦はすべてアミールの出費で建造され〔その名も「ブハラ・アミール」と命名された駆逐艦のこと〕、日露戦争に際しては、話によると五〇〇万ルーブルを供出したという。

〔『ジャポンヤ』一二頁〕

をひかえる放置政策をとった。カウフマンは、イスラームに対する無用な介入はムスリムの反抗をまねきかねず、しかも進んだロシア文明の前にイスラームはおのずと弱体化すると考えていたからである。彼は、イスラームについては征服前の制度を基本的に存続させながら、ロシア正教の宣教やロシア内地のムスリム宗務協議会のような組織を認めようとはしなかった。ちなみに、カザフ遊牧民やトルキスタンのムスリムは、身分の上では特別の保護を必要とする「異族人」に分類され、兵役は免除されていた。ロシア政府は言葉も通じず生活様式も異なる彼らをロシア人と同等にあつかうことはできなかったのである。

ロシアの圧倒的な軍事力を前にムスリム君主の「聖戦」が惨めな敗北を喫したことを目撃したムスリム指導者たちは、先の例のように、たとえ異教徒であっても、その公正な統治はムスリム君主の暴政にまさるという論理でロシア統治を受け入れた。彼らの理解に従えば、イスラーム法の施行が許容され、ムスリムの郷長が地方行政の末端を担っている以上、トルキスタンは「平安の家《ダール・アル・イスラーム》」なのであった。[5] こうした論理は、ロシア側のイスラーム放置政策に期せずして適合するものであった。

たしかに、一見するとムスリムはロシア統治にすみやかに順応したかのようで

▶慣習法に詳しい判事（ビイ）による裁判　タシュケント郡のカザフ人地域と思われる。

あった。一八七三年九月ゼンギーアタ廟の大祭を見学したアメリカの外交官スカイラーは[6]興味深い観察記を残している。ロシアに投降した著名な武将ジュラベクらとともにタシュケントの「守護聖者」の廟を訪れた彼は、タシュケント中の男がみな参集したかのような、ダービー競馬の時でもなければ見たこともないほどの人混みに面食らう。このときスカイラーの一行は赤ワインのボトルを持ち込んだが、ムッラーもまじえたムスリムの友人たちはこれに驚く様子もみせなかったという。そして、ロシアの高官たちのために用意されたステージでは、大勢の楽士が奏でる地元の曲にあわせて少年たちが踊りを披露し、その幕間にはロシアの軍楽隊がオッフェンバックの喜歌劇『大公妃殿下』(一八六七年作曲)からの抜粋を演奏していたのである。もっともスカイラーは、軍の将官たちを歓迎するためとはいえ、ムスリムの宗教的な祭礼に女性の踊りを披露させるロシアの役人の無神経さを指摘することも忘れてはいない。

ちなみに、同年にロシア領トルキスタンをつぶさに観察したスカイラーは、資源に乏しいトルキスタンの経営はロシアの国庫に大きな負担をかけるばかりであり、現地のロシア行政は不正にまみれ、機能不全に陥っていることを指摘しながらも、旧来のハンやアミールの専制的な統治に比べればロシアの統治は現地住民に利するところがあり、ロシアは多額の出費にもかかわらず、その威信にかけてトルキスタンを統治していくであろうと記し

5 イスラーム法の古典的な解釈によれば，世界は「平安の家」と「戦争の家《ダール・アル・ハルブ》」に二分される。「平安の家」はムスリムの主権が確立してイスラーム法が施行されている領域，「戦争の家」は異教徒の支配下にあって「平安の家」と戦争状態にある領域をさした。近代にはいってムスリム地域が列強の植民地統治下におかれると，そこはいずれに属するのかという議論が生まれた。

6 Eugene Schuyler(1840 ～ 90)。イェール大学出身でサンクト・ペテルブルクのアメリカ総領事のときにロシア領トルキスタンを広く巡り，その観察記を *Turkistan: Notes of a Journey in Russian Turkistan, Kokand, Bukhara, and Kuldja,* London, 1876 として刊行，その後もオスマン帝国，ギリシア，ルーマニアなどで総領事を務めた。

▲ロシア領トルキスタン（V. V. バルトリド『トルキスタン文化史２』〈東洋文庫〉平凡社，2011年，16頁をもとに作成）

ている。とりわけ興味深いのは、「ムスリムの信仰や慣行について何一つ制約」を課さなかったロシアのイスラーム政策は「最高の賛辞に値する」と評していることである。

ロシア統治への不敬の兆候

トルキスタンを征服したロシア軍の威力がまだ人々の記憶にある間、秩序は平静を保っていた。しかし、一八八〇年代の末から、一部のロシア人は、ムスリムの間にロシア当局に対する不敬の兆候、あるいはイスラームの覚醒に気づくようになった。植民地統治の下で、綿花ブームはムスリム社会にも富を還元し、ワクフ財源の増大もあいまって、フェルガナ地方では新たに多くのモスクやマドラサが建設された。さらに中央アジア鉄道(一九〇六年全線開通)などの交通網の整備は、マッカ巡礼をはじめとする外のイスラーム世界との交流の機会を提供した。カウフマンの期待に反して、ムスリム社会はロシア化するよりも、むしろその独自性を強めていたのである。

トルキスタンで活動していたロシアの東洋学者ナリフキン[7]は、一八八〇年代末から綿花栽培の先進地域であったフェルガナ地方のムスリムの間に、次のような説教が流布していたことを指摘している。

異教徒がわれらの土地を侵し、われらの町を次々と攻略したとき、土地のムスリムは

[7] V. P. Nalivkin(1852 ~ 1925)は，トルキスタンで活動した官吏・東洋学者。綿花栽培の先進地域フェルガナ地方におけるマドラサの隆盛など，イスラームの活性化と汎イスラーム主義の浸透に着目するとともにロシア行政の欠陥も批判した。

いったい何をしていたのか。彼らは託されていた異教徒との戦いを実践しただろうか。異教徒がわれらが父祖の墓を馬蹄で蹂躙《じゅうりん》しないように全力を尽くしただろうか。いや、彼らは何もしなかった。ごくわずかな者が戦場に倒れ、最後の審判に白い顔で、自分の血に染まった衣、すなわち預言者の遺訓に従って信仰のために倒れた殉教者、シャヒードの衣を身にまとって審判の前にたたずむのみである。

異教徒がわれらの地を征服したとき、小心なムスリムは「信徒は不信仰の友をもってはならぬ」というクルアーンの言葉を忘れてロシア人と親交を結び、彼らの好意を得ようとして父祖の信仰を愚弄《ぐろう》し、彼らとともに飲酒にふけるようになったり、彼らをまねて自分の妻や姉妹、娘を連れて行くようになったりした。

我に返って周りを見渡してみよ。今が昔よりも良くはないのがわかるはずだ。異教徒と我らの内の狡猾《こうかつ》な者どもは、あらゆる手を使って民を搾取し、堕落させている。それは、神の怒りが民に下り、彼らの忠実な友である悪魔の手を借りて民をすっかり衰弱させるためなのだ。呪うべき悪魔の誘惑と我らの内の不信仰者どもの企みのために、もはや公正で買収されざるカーディー〔判事〕はいない。

思い直して、周りを見渡してみよ。考えてみよ、はたして正しきムスリム社会は生き残ることができようか。これまでに起こった醜悪なことどもにこれ以上我慢するこ

8 小松久男「聖戦から自治構想へ」67，75～76頁。

とができるのか。異教徒とその忠実な共犯者たる悪魔の不浄の手が民とその心を奪い取ろうとしているというのに、これをみな黙認することができようか。[8]

このたたみかけるような警世のことばにみられるとおり、異教徒の支配に対して身構えたムスリム社会には、過去のハン国時代を美化しながら、イスラーム法の遵守を強調する動きがあらわれていた。ナリフキンはここに不穏な兆候を認めていたが、治安に自信をもつ総督は、ムスリム臣民の「国民化」すなわち帝国への統合に関心を移していた。クリミア戦争後のロシアでは上からの「大改革」が進行しており、ヴォルガ・ウラル地方や西シベリアのムスリム地域でも、特定の祝祭日にムスリムがモスクに参集し、ツァーリと帝室の健勝を祈る儀礼がおこなわれていた。

一八八八年、タシュケントの高台にそびえるホージャ・アフラール・モスクや郊外のゼンギーアタ廟などの歴史的建造物がツァーリ、アレクサンドル三世（在位一八八一〜九四）の下賜金によって修築されるという慶事があった。その一〇年ほど前にこの廟を訪れたスカイラーは、「墓の上に建てられた廟はとてもみすぼらしい。いくつもの雄羊の角やたくさんの汚れたぼろきれの連なりのおかげでますます見栄えは悪い。参詣者はみな境内の枝木にそれを結びつけないといけないと思っている」と書いている。おそらく時の風雪をへて建物は傷みがひどくなっていたのだろ

1月	1日	新年
4月	23日	皇后アレクサンドラの守護聖者記念日
5月	6日	ニコライ２世の誕生日
5月	14日	皇帝・皇后の戴冠記念日
5月	25日	皇后の誕生日
7月	22日	皇太后マリアの守護聖者記念日
7月	30日	皇太子アレクセイの誕生日
10月	5日	皇太子アレクセイの守護聖者記念日
10月	17日	故皇帝アレクサンドルと家族の鉄道事故救難を神に感謝する日
10月	21日	ツァーリの即位記念日
11月	14日	皇太后マリアの誕生日
12月	6日	ニコライ２世の守護聖者記念日

◀ツァーリと帝室の健勝を祈る祝祭日（露暦）　このほか，イスラーム暦による断食明けと犠牲祭の祝日がある（1905年のムスリム宗務協議会通達による）。

う。これらの修築を機に、時のトルキスタン総督ローゼンバフは、記念式典でムスリムの参会者に「慈愛あふれるツァーリ」への感謝の祈りを捧げさせることに成功した。これに力をえた総督は、この「有益な」経験をタシュケント市内の全モスクに普及させるように命じたが、これに従うイマームはいなかった。

それにもかかわらず一八九一年、後任の総督ヴレヴスキーは、トルキスタン全土のモスクでツァーリと帝室への祈りを捧げるように命じ、翌年には祈禱文のテキストが印刷され、各地のモスクと教育施設に配付された。しかし、ムスリムの反応はまたしても否定的であった。総督府の所在するタシュケントでさえ通達は無視され、所定の祈りはロシア・現地民学校[9]の生徒やロシア国籍のタタール人によって励行されるにとどまった。このようなムスリムの沈黙の拒否は、「平安の家」の自立性を維持しようとしたムスリム指導者たちの幅広い合意を表現したものといえるだろう。

ロシア統治とムスリム社会との間のきしみは、一八九二年タシュケントに起こったコレラ暴動の時にもあらわとなった。事件は、アフガニスタン方面から波及したコレラ禍に対して市当局がとった防疫措置に端を発した。市当局は、ムスリムの多くが居住する旧市街における死者の埋葬を禁止したが、警察力を行使した厳重な措置は、ムスリムの慣行への冒瀆《ぼうとく》などの風聞をよび、またムスリム警察長官の専横に対する不満を爆発させた。著名な

9 午前中はロシア語と算数，午後はイスラームの基本や道徳などを学ぶ４年制の初等学校で，ムスリム子弟にロシア式の教育をほどこすために考案されたが，多くのムスリムは子弟のロシア化を危惧して敬遠した。

イシャーン[10]に率いられて新市街に進入したおよそ六〇〇人のムスリム抗議団がロシア軍治安部隊と衝突した結果、ことは流血の事件に発展し、ムスリム社会には動揺が広がった。植民地統治の中枢で聖戦の声があがったこの事件は、ロシア当局にも衝撃を与え、ときの総督は陸軍大臣宛の報告書で、近年「現地民大衆の間にはロシア権力に対する不敬の兆候がみえる」と記している。

アンディジャン蜂起

このようななかで一八九八年五月、フェルガナ地方東部のアンディジャンでロシア統治に対する武装蜂起が起こった。その指導者はドゥクチ・イシャーンの名で知られる、声望高いナクシュバンディー教団の導師であった。彼の父は清朝治下の新疆からの移民、すなわちカシュガル人であった。彼らはナクシュバンディー教団の名家、カシュガル・ホージャ家による数次にわたる対清反乱が失敗に終わったあと、隣接するフェルガナ地方に難を避けた人々である。紡錘職人(ドゥクチ)であった父の手伝いをしていた息子ムハンマド・アリーは、やがて世俗を捨ててスーフィズムの道に没入し、ムジャッディディーヤ[11]の系統に属する高名な導師に学んだのち、アンディジャン郊外のミングテペ村で独立した導師として活動を始めた。一八八〇年代の中頃にはマッカ巡礼をおこない、帰路のカシミールで

10 中央アジアにおけるスーフィー教団の導師の称号で，本来はペルシア語の三人称複数の代名詞。著名なスーフィー聖者の一族はこれを世襲し，カリスマ的なイシャーンは豊かな財産を蓄え，地域社会の指導者としても君臨した。
11 ナクシュバンディー教団の一派で，17世紀のインドで成立したのち，西方のオスマン帝国領内に普及したほか，中央アジアにも環流して有力な一派をなした。イスラーム法の遵守を特徴とする。

も修行に努めたという。

　故郷にもどった彼は、街道を行く人々に水を供するなどの奉仕や病気治し、養生所の開設による貧者の救済などの慈善活動をおこなう一方、フェルガナ盆地をかこむ山岳・山麓地域の遊牧あるいは半遊牧のキルギスの間に分け入って教説を広め、多数のムリード（弟子）を獲得していった。綿花ブームの陰で零落した農民や、コレラなどの疫病や飢饉に苦しむ人々の救済によって名声を高めた彼のムリードは、フェルガナ地方の内外におよそ二万を数えたという。資産のあるムリードは、彼に土地や家畜などの寄進をおこない、貧者の中には彼のハーンカー（修道場）を中心とする本拠地で労力奉仕に励む者もいた。

　ドゥクチ・イシャーンの名声と権威を高めた要因の一つは、彼の超人的な能力を描き、たたえる奇跡譚であった。彼の奇跡の力や神秘体験は数々の伝承として人々の間に流布していた。それは、ときに彼をナクシュバンディー教団の名祖バハーウッディーン・ナクシュバンド（一三一八〜八九）に匹敵するムルシド（尊師）としてたたえ、ときにキルギスの地に残る異教の残滓《ざんし》を除去してモスクを建て、あるいはムリードたちを心の底から畏怖させるイシャーンの姿を鮮明に描いている。それは何世紀にもわたって中央アジアで読み、語り継がれてきた聖者伝の伝統を継承するものであった。

▶**拘束されたドゥクチ・イシャーン**
（同時代の絵葉書）

ロシア側資料の中には彼を「無学文盲」とするものもあるが、彼には「テュルク、タジク、カシュガル、キルギス」の民にむけて書かれた『思慮なき者への訓戒』と題するテュルク語の著作があった。それは、ロシア統治下であらわとなった父祖の教えからの逸脱と無知への退行をいましめ、またムスリムを正道に導くべきウラマーやイシャーンの腐敗と堕落を鋭く批判する書であった。彼は「異教徒のキリスト教徒の言葉に耳を傾けるな」と呼びかけ、「たとえ神が彼らのあらゆる企図を実現されようと、神は必ずやその忠実な僕、ムスリムのあらゆる願いを満足させ給う。ひたすらシャリーアとスンナに従うべし」と記している。イスラームの五柱や礼拝前の清めの作法など、イスラームの基本にかかわる解説に重きをおいているのは、彼のムリードの中にはなおイスラーム化の過程にあったキルギス人が多かったことに関係するのだろう。

一八九四年八月のこと、このようなドゥクチ・イシャーンの教説に従うフェルガナ地方東部の郷長・長老たちは、次のような合意書を作成した。

全知全能の神には明らかなごとく、一部のムスリムは過度の放漫と完全な無知とのゆえに、共同体からの離脱、宗教的な義務と命令およびスンナ〔慣行〕の不履行のごとき不法な行為、そして飲酒、女性の不道徳、バザールにおける不正のごとく忌むべき行為を犯している。そこで、われわれは、善き行為の教示と悪しき行為の抑止、そして信徒の義務の判定のために、ムハンマド・アリー・ハリーファ師にこれらの教示と抑止の権限、ならびにシャリーアの定めるところに従って違反者に懲罰を下す権限を委任する。[12]

この合意書は、ナリフキンが感知したムスリムの気運そのものであり(二二三頁参照)、ムスリム社会の衰退と堕落を告発するとともに、その浄化の任務をドゥクチ・イシャーンに委ねている。実際、彼はかつてのコーカンド・ハン国時代さながらに、イスラーム法に反した者をむち打ちで罰する監督者《ライース》を任命し、派遣していたことが知られている。声望高いイシャーンの出現はロシア当局の疑念をよび、調査団が編成されてイシャーンの本拠地で事情聴取がおこなわれた。しかし、調査団は礼拝のたびにツァーリと帝室のための祈りをおこなうように指示をくだしたものの、イシャーンの真意を見抜くことはできなかった。それから一年後、イシャーンはムスリム社会の浄化を期して聖戦を唱え、およそ二〇〇〇人のムリードを率いてアンディジャンのロシア軍兵営に夜襲を敢行する。

イスラームへのまなざし

ドゥクチ・イシャーンの聖戦は、ロシア軍のすみやかな反撃にあい、あえなく敗北を喫したとはいえ、植民地統治に自信を深めていたロシア当局を震駭《しんがい》させ、国内にはイスラー

12 小松久男「聖戦から自治構想へ」76頁。

ムへの不信感をあおる論調もあらわれた。ロシア軍に二二人の死者と一六人の負傷者を出した蜂起への懲罰は重く、当初の判決(三八〇人を絞首刑)後、慣例の恩赦が与えられたが、ドゥクチ・イシャーン以下一八人が死刑、三四四人が懲役、二一人がシベリア流刑となったほか、イシャーンの本拠地があった村は砲撃で破壊されたのち、ロシア農民二〇〇戸が入植した。

蜂起の翌年、トルキスタン総督ドゥホフスコイ大将は、ニコライ二世(在位一八九四〜一九一七)宛に「トルキスタンにおけるイスラーム」と題する詳細な上奏文を提出した。彼の目的は、長くロシアの保護下にありながらロシア文明に対して「無条件に敵対的である」イスラーム、すなわち「ロシアという有機体に古くからまとわりついているこの病的な害悪との闘争の戦略」を進言することにあった。彼によれば、ロシアは巨大なムスリム人口をかかえながら、いまだかつて体系的なイスラーム政策をもたず、むしろエカチェリーナ二世がタタール人に適用した寛容な政策やトルキスタンにおける放置政策のような誤りを犯したがために、ムスリム臣民をロシア文明のもとに取り込むという「神の摂理によりロシアに与えられた」使命は未完のままに残されているのである。彼が危険視したのは、まずムスリムに強固な結束力を与えるスーフィズムであった。

シャミールは、これまで個々に分散していた北コーカサスのムスリム住民の統率者の役割を果たし、やがて我々にとって手強い敵となりました。それは、彼が山岳民に異教徒との聖戦というムスリムの義務を想起せしめ、タリーカ〔教団〕とよばれる、すべてのムリードにそのムルシド〔導師〕に対する絶対的な服従を要求するスーフィズムの教義に依拠して、彼の命令一つでいつでも死地に赴く何千人という彼の帰依者を扇動し、これに規律を与えることができたからです。……スーフィズムは何世紀にもわたりムスリム諸民族の生活においてきわめて重要な役割を果たし、最近の事例をとってみても、有名なアフリカのマフディー運動[13]のように運動の中枢はシャミールの場合と同一であり、アンディジャン蜂起においてもそれはタリーカにあったからです。[14]

アンディジャン蜂起の規模はシャミールの聖戦やマフディー運動にははるかにおよばなかったが、ここではスーフィズムの危険性の実例とされていることがわかる。前任地のコーカサスで長期の勤務を経験した総督の脳裏には、シャミールの聖戦の残像が焼き付いていたのかもしれない。そして、第二の危険は汎イスラーム主義であった。彼によれば、タタール人をはじめとするムスリム臣民は「ロシアの法律と武力の保護のもとで申し分なく平和な生活を保証」されながら、もっぱら「イスラームの教義と慣行の強化の道を歩み」、隣接するオスマン帝国の感化を受けながら汎イスラーム主義の普及に努めているのである。彼はこう指摘している。

[13] 1881年スーダンでムハンマド・アフマド(1844〜85)がスーフィー教団を基盤として創始した政治・社会運動。マフディー(神に正しく導かれた者)を自称してエジプト・イギリス軍に対抗した。運動は自立した国家を形成したが，1898年イギリス軍の攻撃で滅亡した。
[14] 小松久男「トルキスタンにおけるイスラーム」『東海大学紀要文学部』50，1988年，43頁。

〔ドゥクチ・イシャーンは〕その知識および行政的・軍事的能力が限られたものであったにもかかわらず、あまり好戦的ではないサルトを扇動して自己の意思に従わせることに成功し、ほとんど素手でわが兵士たちに攻撃をかけることを決意したのです。このような変事の確率は、過去および現在よりも将来においてはるかに高まることが予想されます。なぜならば、交通手段の改良と国際商業の発展とは、これまで分散していたムスリム諸民族を次第に接近させており、彼らの間の関係を強化して相互扶助の期待を抱かせることにより、汎イスラーム主義の大義に大いに貢献しているからであります[15]。

総督は、ロシア領内のムスリム諸民族が隣接するオスマン帝国の感化を受けてムスリムの統合、すなわち汎イスラーム主義の道に進むこと、換言すればロシア帝国の一体性を破壊することに注意を向けているのである。ムスリムとロシア人との接近をはばむ要因を検討した総督は、ロシア・現地民学校による青少年教育の強化やロシア人の女医・看護婦によるムスリム女性への感化、ロシア語やロシア司法制度の普及などを課題としたうえで、「必要とあれば武力に訴える備えを片時も忘れることなく、文明教化の道を不断に前進してゆかねばならない」ことを強調した。もっとも、陸軍省によるトルキスタンの統治を前提に、イスラームに対する帝国規模での統制と監視の強化を訴えた総督の提案は、政府の

15 小松久男「トルキスタンにおけるイスラーム」45頁。

受け入れるところとはならなかった。時の蔵相ウィッテ(一八四九～一九一五)によれば、アンディジャン蜂起は偶発的な事件にすぎず、宗教に対する寛容は確保すべきなのであった。

それにしても、ロシア人とムスリムとの間にこえがたい溝が存在していたことは事実である。一九〇四年、現地の言語や文化につうじた軍政官のルィコシン(一八六〇～一九二二)は「ロシア人と現地民の接近の諸結果」と題した論説で次のように述べている。

確信をもって言えることだが、過去半世紀の間に現地民の異民族や異教徒にたいする不寛容という意味での宗教的なファナティシズムは著しく弱まった。ただし、これはムスリム社会でもっとも開明的で、ロシア人と接触する機会の多い人々だけにあてはまることである。我々と親しく接する彼らは、ロシア人が他の宗教に対して心底から寛容なことを経験によって確信しており、「誰でも人は人」というアラブの諺《ことわざ》をくり返し、ロシア人と屈託なくつきあい、可能な限り親交を結ぼうとする。しかし、これらの進歩的な人々の向こうには、古いタイプのムスリムたちのゆるぎない壁がそびえている。彼らの思考によれば、世界は今も相互にいかなる共通性ももたない二つの部分に分かれている。すなわち、一つは彼らの領域であるイスラーム世界で、その域外は不信心の世界とみなされている。そこに住む異教徒とは接近はおろか、ふつうの隣人関係すらはばかられるのだ。このような古い思考のムスリムたちにその単線的な誤解を解かせるのはおそらく無理だろう。彼らは来世までその汎イスラーム主義的な願望をもっていくにちがいない。[16]

ルィコシンは、ロシア人との共存を受け入れるムスリムがふえつつあることを認めたうえで、「平安の家」の内と外とを峻別する「古い思考」のムスリムの存在をほとんど諦観《ていかん》をもってみていたことがわかる。

殉教者か、愚か者か

それでは同時代のムスリムは、アンディジャン蜂起をどのようにみていたのだろうか。蜂起から四年後、フェルガナ州の軍務知事はトルキスタン総督への秘密報告の中で、地方当局がドゥクチ・イシャーンを弾劾する努力を続けたにもかかわらず、ムスリム住民の間には彼を殉教者として記憶し、その名前に敬意をもってふれる風のあることを報告している。ドゥクチ・イシャーンが聖戦を指揮した殉教者として記憶されていたことはまちがいない。しかし、同時代のムスリム知識人の著作や流布していた詩によるかぎり、イシャーンはむしろ非難される存在であった。この例を冒頭でふれたターイブ(一頁参照)の著作にみることにしよう。

[16] 小松久男「聖戦から自治構想へ」68頁。

ターイブはヤークーブ・ベク政権下のヤルカンドで善政を敷いたといわれ、新疆を再征服した清朝も、彼の人徳に配慮して安全な退去を許したという。その後しばらくインドに滞在したのち、一八八〇年初めにロシア統治下のコーカンドにもどると、八六年にはイスラーム法の判事に選任された。晩年の一九〇五年頃に執筆した論説には、ロシアの征服を身をもって経験した世代の現実的な認識が示されている。彼によれば、ムスリムの間から選ばれた郷長と判事がその業務をまっとうに務めている以上、トルキスタンは「平安の家」であり、ムスリムはここに安住することができるのである。しかし、「学識も知恵のかけらもない無知なスーフィーたちは、偽善的な信仰と気晴らしに没頭し」「ムスリムの同意をえて裁定の業務を遂行し、法的な決定をくだして信者の必要に応《こた》えているカーディーたちを人々の面前で嘲笑することもはばからなかった」のである。彼は「無知なスーフィーたち」を既存の秩序を乱す者とみていることがわかる。そして、彼はいう。

この地方の人々は、ロシアと戦えば結果としてどれほどの不利と害悪をこうむるかを承知し、平穏と秩序を維持することこそみずからの安寧と繁栄の基と理解している。しかし、このくにには愚人や悪党、市場の狂犬にも劣るスーフィーたちがあふれている。彼らは人々を扇動して敵意を燃やすこと以外に能がない。……ミングテペの有害なシャイフ、ムハンマド・アリーは、かつては貧しく、紡錘作りにいそしんでいたが、やがて偉大なムルシド〔導師〕を名乗るようになった。人々に食事を提供することによって、民衆を従わせることに成功し、あらゆる徒党や部族からさもしい者どもが彼のハーンカーに押しかけてきた。あまりの無知の故に、彼らはこの愚か者に賛辞を惜しまなかったのである。……そして一三一六年、キリスト教徒の暦では一八九八年、彼は反乱を企てた。しかし、この反乱はイスラームの輝きを奪い、すべてのムスリムは平和の館から追い出され、平和なカイロは破壊され、ナイルは蜃気楼《しんきろう》と化した。多くの人々が処刑され、郷土を追われた。シャイフ自身も、その不面目のために死刑に処せられたのである。[17]

ターイブからみれば、アンディジャン蜂起はロシア統治下で確保されたムスリム社会の秩序を破壊する暴挙にほかならなかったのである。さらに、中央アジアに根づいたハナフィー法学派の解釈に従って彼はいう。「ムスリムの勝利と偉大にとってジハードや戦いは合法ではない。同じく、純粋なジハードの動機とは、生命を絶つことではない。信徒に求められているのは宗教への敬意と邪悪の除去である」と。彼が重視したのは、異教徒に対する戦いというジハードではなく、信徒が日々の生活の中で不断におこなうべき精神的な努力としてのジハードであった。アンディジャン蜂起のような聖戦は無用であり、争乱《フィトナ》もまた抑止すべきことであった。

[17] 小松久男「聖戦から自治構想へ」69〜70頁。

一方、ムスリムが自ら郷長や判事の役職を否定したらどうなるだろうか。「キリスト教徒の知事や長官がこのくにをやすやすと手放すことはなく、法的な裁定は〔ロシアの〕判事に、その他民政の業務はロシア人に委ねられるだろう。そのときこのくには「戦争の家」となり、後悔してもはじまらないのである」。イスラーム法が消えてロシア法が行きわたるようになれば、トルキスタンはもはや安住の土地ではなくなる、というのが彼の理解である。[18] これはターイブの杞憂《きゆう》だったのだろうか。先のドゥホフスコイ大将は、ムスリム聖職者やモスク・学校、そしてその財源となるワクフ財産をロシア統治への潜在的な脅威とみなし、これらを監督するために新しいタイプのムスリム宗務管理局を構想していた。イスラーム法に通じ、アラビア語・ペルシア語・テュルク語を解するロシア人が議長あるいは総監を務める新組織である。この計画は実現しなかったが、これはまさにターイブが憂慮した「戦争の家」への転機となったかもしれない。

しかし、ターイブが「平安の家」の支柱とみなした郷長と判事の実態はどうだったのだろうか。それはドゥクチ・イシャーンらの批判にたえられるものだったのだろうか。この点についてターイブは語っていない。この問題は次の世代のムスリム知識人が取り組むことになる。

18 異教徒によって征服されたムスリム地域は，「平安の家」か「戦争の家」か，についてハナフィー法学派は次のように解釈していた。異教徒の法が施行され，征服された領域が「戦争の家」に隣接し，かつムスリムとズィンミー（庇護民）の生命と財産の安全が保たれないとき，「平安の家」は「戦争の家」と化す。換言すれば，異教徒によって征服されても，征服者がカーディー（判事）を任命してイスラーム法の執行を認め，ムスリムとズィンミーの安全が保障されたならば，そこは「平安の家」として残るのである。ターイブの議論は，こうした解釈を踏まえたものといえる。

ジャディード運動の展開

さて、この間にロシア領内のムスリム地域では新しい動きが起こっていた。先に述べたように、はじめはブハラのマドラサに学んでいたタタール人も、やがて先例墨守の硬直したイスラーム解釈や旧態依然たる教育方法を批判するようになった。日々ロシア社会の中で生きていた彼らは、近代社会に対応したイスラーム法の柔軟な解釈や適応を求め、また伝統的な教育システムの改革によってムスリムの社会と文化の発展をはかろうとしたのである。その背景には彼らをとりまくロシア社会の変容があり、また、同じイスラーム圏のオスマン帝国などでの改革運動の影響があった。

こうした流れの中で実践的な改革の方法を生み出したのが、クリミア・タタール人の啓蒙思想家ガスプリンスキー(一八五一〜一九一四)であった。彼は一八八四年郷里のバフチサライに「新方式学校」を創設したが、それは、旧来のクルアーンや古典的な倫理・道徳書の音読・暗記を中心とした寺子屋式の初等学校(マクタブ)にかわり、発声方式による母語の読み書きとイスラームの基本知識に加えて、算数、理科、歴史、地理、ときにはロシア語などの科目を教え、教科書の使用や学年別のクラス編成などを特徴とする近代的な初等学校であった。この学

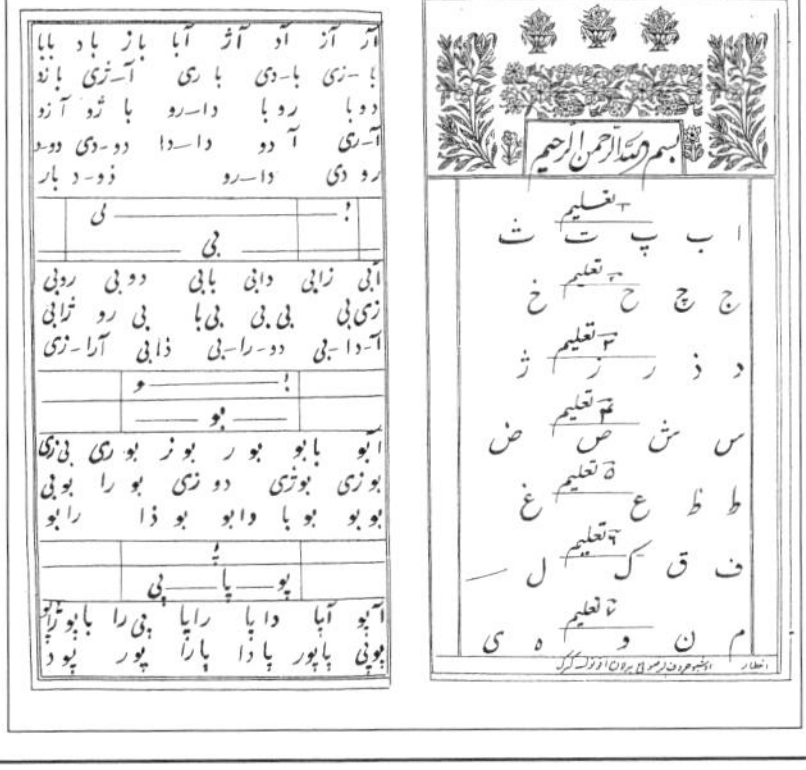

◀新方式学校の読み書き教科書
最初にアラビア文字の独立形を示し(右側)，その後，文字の組み合わせを声に出して読ませながら教えた(左側)ことがわかる(タシュケント，1910年刊)。

校は優れた教育効果を発揮したことから、タタール人の商業ネットワークに乗ってヴォルガ・ウラル地方から中央アジア、さらには清朝治下の新疆の諸都市にも開かれていった。ガスプリンスキーによれば、新しい教育が普及すればムスリムは無知と偏見から解放され、ロシア人と協同することができるはずであった。

ガスプリンスキーは、ムスリムの覚醒を促すために新聞『翻訳者《テルジュマン》』(一八八三〜一九一八年)を創刊したことでも知られる。改革のメッセージと内外の情報を平易なテュルク語で伝えた『翻訳者』は、長くロシア・ムスリム地域の「全国紙」として機能した。それは政治的には穏健な立場を保ったが、ロシアの理不尽な論調には異議を唱えることがあった。一八九九年一月には次のような記事がみえる。

昨年、ミングテペのイシャーン、ムハンマド・アリーが起こした不幸な蜂起のあと、取り調べよりも先にその原因や性格、意義が議論され、新聞紙上にはこの蜂起の要因に関するさまざまな推測があらわれた。とりわけ『トルキスタン通報』[19]の四五号は、「主要な要因はイスラームにあり、それゆえムスリムにはイスラームの法に従って異教徒の支配者には機会があればただちに反乱することが義務なのである」と報じた。我々はクルアーンも、またその注釈書もこれに類した規定は含んでいないことを知っている。神学の領域に遊ぶのではなく、大きく実際的な意味を有する真実を明らかに

19 植民地トルキスタンの官報に相当するロシア語の新聞。

するために、イスラームにこのような原則はないことを明言すべきと考える。

ガスプリンスキーは、アンディジャン蜂起を契機に広まったイスラームへの中傷と誤解に反論したのである。

ロシアの一九〇五年革命後にはトルキスタンのタシュケントやサマルカンド、保護国のブハラでも現地の生徒を教えるための新方式学校が開校され、ロシア式の教育をおこなうロシア・現地民学校よりも多くの生徒をむかえいれるようになった。しかし、広く人々の理解と賛同をえることは容易ではなかった。新方式学校によって既得権を失いかねない保守派のムスリム知識人はこれに強い非難をあびせ、新方式の支持者には「イスラーム法からの逸脱」や「背教者」という表現すら用いられた。新方式（ウスーリ・ジャディード）にちなんで一般に「ジャディード」とよばれた改革派の勢力はなお限られていた。一方、ロシア当局は、教育改革を梃子《てこ》にムスリムの知的な覚醒をはかるジャディード運動に、ロシア帝国の一体性を脅かす汎イスラーム主義や汎テュルク主義の危険を見出し、その普及を警戒した。ときには、ロシア当局と保守派ムスリムとが結んで新方式学校の普及

◀ガスプリンスキーを攻撃する保守派のムッラー
彼らの掲げる紙には「新方式はシャリーアに反する」「異端宣告」と書かれている。右側のガスプリンスキーが手にしているのは，彼が作成した教科書と創刊した『翻訳者』(風刺雑誌『モッラー・ナスレッディン』の表紙，1908年17号)。

Column #02

ユートピア小説による啓蒙

ジャディード運動の創始者とされるガスプリンスキーは、多彩な活動で知られているが、ロシア領内のムスリム地域における最初のユートピア小説の著者でもあった。『安寧の国のムスリム』と題された小説のあらすじは次のとおりである。

ロシア領トルキスタンの中心都市、タシュケント出身の商人の息子ムッラー・アッバースは、生地でイスラームの学問を修めたのちヨーロッパに留学し、休暇を利用してスペインのグラナダに遊ぶ。かつてここに栄えたイスラーム文明の遺産、アルハンブラ宮殿の美しさに魅了された彼はここで一夜を過ごすが、深夜、不思議なアラブ女性の一団に遭遇し、これを追って宮殿の地下から始まる道をたどると、やがて超現代的な都市に行きつく。聞けば、一四八一年のグラナダ陥落のさい、スペイン軍への降伏を決意したカリフに対して一人抗戦を主張した軍人ムーサーがいた。多勢の敵に一人突撃して戦死したムーサーの遺訓「イスラームの信仰を保持して学問と教育、勤勉に努めるべし」を守った一団は、秘密の地下通路をへてシエラネヴァダ山脈の人知れぬ場所に桃源郷を築いたのだという。

ムッラー・アッバースは、ヨーロッパの都市にもない自動の電車が走り、知性と教養にあふれ、男女の差別もないムスリムの住む国の姿に圧倒される。ムーサーの血を引く国王は、かつては自らを文明の中心とみなした中華帝国の衰退を事例に、新しい科学と技術を進んで摂取することの大切さをアッバースに説いて聞かせる。

もしトルキスタン人が目を開き、世界を見、無自覚の眠りから醒《さ》めなければ、また無知を自覚して努力しなければ、資本や資産、商業や通商が遠からずより能力のある他者の手に渡るのは当然のことである。これはまさに衰亡の始まりなのだ。

国王や恋人の誘いにもかかわらず帰郷の決意をしたアッバースは、出国の許可を待つうちに眠りに落ち、気がつくとグラナダの病院のベッドに横たわり、医師は「君の話は夢だったのだ」と語る。

この作品には、イスラームと科学との共存を確信し、教育と啓蒙を梃子《てこ》にしてロシア・ムスリム社会の改革を構想したガスプリンスキーの考えが、極めて平易に表現されている。ここには実際にロシア領トルキスタンを訪問していたガスプリンスキーの見聞が生かされているにちがいない。「安寧の国」は無知と抑圧のはびこるトルキスタンや保護国ブハラの惨状を映し出す、いわば鏡の役割をはたしているといえるだろう。ちなみに、ブハラのジャディード知識人フィトラトは、これをペルシア語に翻訳し（ペトログラード、一九一五年）、ペルシア語話者の多い中央アジア南部の読者に供している。

を抑えるという構図も生まれた。

こうした条件にもかかわらず、ジャディード運動はイスタンブルなどへの留学生派遣、母語による新聞・雑誌の創刊、教科書をはじめとする図書の刊行、啓蒙団体の結成、言文一致体の文学・戯曲作品の創作へと展開していった。例えば、ヨーロッパに優《まさ》る超近代的なムスリム国家を描いたガスプリンスキーのユートピア小説『安寧の国のムスリム』は、トルキスタンやブハラにも紹介された。とくに一九〇五年革命後は、主要な都市でムスリム・ジャーナリズムが急速に発展し、ムスリム社会が直面する政治・経済、社会問題、ロシア帝国と世界、とりわけイスラーム世界の情勢、イスラーム法の解釈をめぐる議論などを取り上げて、ムスリム知識人に共通のフォーラムを提供した。そこには各自の母語や歴史への関心が呼び起こしたナショナリズムの主張もあらわれていた。この時期に活躍したジャーナリストの一人、タタール人のアブデュルレシト・イブラヒム（一八五七〜一九四四）は、一九〇九（明治四十二）年に訪問した日本での観察記を執筆し、日露戦争に勝利した日本の姿をムスリム読者に紹介して大きな反響をよんだ（一八頁参照）。

ブハラ出身のフィトラト（一八八六〜一九三八）は、留学先のイスタンブルで新方式学校の正当性と必要性を説く会話体の著作『争論』（一九一一年）を著わし、保守派の牙城であったブハラにも新風をふきこんだ。クルアーンやハディースを正しく理解しているはずの

▶**イブラヒムの自署**　1909年に来日したイブラヒムも，ある集会でアラビア文字の揮毫《きごう》を求められたとき，「学知は中国にあろうとも，これを求めよ。中国になければ，その付近に求めよ」のハディースを記している（『日本及日本人』509号）。

ムダッリスがイスラームの学識あふれるヨーロッパ人との論争に敗れるという設定は、「聖なるブハラ」の学術がどれほど形骸化していたかを示すことにもなった。サマルカンド出身のベフブーディー(一八七五〜一九一九)は、雑誌『鏡《アーイナ》』を刊行して啓蒙に努めたほか、トルキスタンではじめての戯曲『父殺し』を書き、無教育が許されざる大罪と家族崩壊の悲劇をもたらすことを例示して新方式学校の必要性を訴えた(一九一四年初演)。この作品には、開明的なムダッリスとロシアの学校の修了者という二つのタイプのムスリム知識人が登場する。イスラーム法の柔軟な解釈と近代諸学の摂取、これはジャディード知識人の共有した戦略であり、目標であった。「学知は中国にあろうとも、これを求めよ」、これは彼らが好んで引用した預言者ムハンマドのハディースである。

トルキスタン自治の構想

日露戦争に続く一九〇五年革命によって帝政がゆらぎ、一時的とはいえ政治的な自由が認められると、ムスリムの間にも新しい動きがあらわれた。ヴォルガ・ウラル地方やコーカサスのムスリム知識人有志は、一九〇五〜〇六年の間に三度にわたるロシア・ムスリム大会を招集し、ロシア領内のムスリムの政治・社会・教育・文化などの諸問題とならんで、宗務協議会の改革について議論をかわした。一九〇六年八月ヴォルガ上流のニジニ・ノヴゴロドで開催された第三回大会では、トルキスタンとカザフ草原にもそれぞれムスリム宗務協議会を創設する決議を採択している。この大会ではロシア・ムスリム連盟というはじめての政治組織の結成も決議され、これはドゥーマ(ロシアの国会)におけるムスリム会派の基盤となった。これまで政治に関してはほぼ沈黙していたムスリムは、ようやく活動を開始したのである。

このような動向を見聞していたベフブーディーは、一九〇六年十月タシュケントの新聞『太陽《フルシド》』に寄稿した論説の中で次のように述べている。

トルキスタン人には神以外にマドラサを監督する者はなく、宗教や学問を監督する者もいない。正義や公正の観念は失われ、読み書きもできないカーディー、学識なきムダッリス、事情にうといムフティー、クルアーンの読めないイマームがのさばっている。これもひとえにわれわれが宗教や学問の監督者をもたないためではないか。

彼の問題意識は明瞭である。トルキスタンにはムスリム聖職者を監督する組織も制度もないために、無知と不正が横行しているというのである。実際、郷長や判事の選挙では買収が横行し、不適格な人物が選ばれて恣意的な権力をふるうこともまれではなかった。この現実はかつてドゥクチ・イシャーンが批判したことにほかならない。しかし、ベフブーディーは解決の道を聖戦ではなく、自治の構想に求めたのである。

ロシア・ムスリム連盟の会員であったベフブーディーは、翌年ムスリム会派をとおしてドゥーマに「トルキスタンの宗務と民事に関する行政」と題した建白書を提出する。その前書きには著者の強い意欲があふれている。「トルキスタンにはヨーロッパ・ロシアのムスリムよりも、もっと広い自治権が与えられてしかるべきである。なぜなら、トルキスタン人は彼ら自身で地方行政を担い、ヨーロッパ・ロシアの同胞たちよりも自立しているからだ」と。トルキスタン人はこれまで地方行政の実務を担ってきたという自負は、郷長と判事のつとめを重視したターイブの論理を受け継ぐものである。それと同時に、彼は旧来の郷長や判事による地方行政システムの「崩壊のときは近い」という強い危機感をもっていたことも忘れてはならない。ベフブーディーの新しさは、ロシア・ムスリムの中央組織と連携しながら、トルキスタンの宗教、教育、司法、地方行政を統括・運営する組織を形成すること、換言すればここに事実上のムスリム自治を実現するという構想にあった。ロシア内地からの移民に歯止めをかけ、都市部における非ムスリムの土地所有を凍結するという条項も彼の意図を裏書きしている。

一九〇八年、ニコライ二世の命を受けた元老院議員パーレン伯爵(一八六一〜一九二三)がトルキスタンにおけるロシア行政の査察に訪れると、ベフブーディーは植民地行政の変革に期待を込めてこの建白書をパーレンに提出したという。しかし、査察団のくだした結論は、ベフブーディーの構想とはあい入れないものであった。パーレンが志向したのはロシア法の普及、ひいてはロシア法への一元化であり、ベフブーディーが前提としたイスラーム法によるカーディー裁判所は、反対に「イスラームの防壁」とみなされたのである。一九一七年のロシア二月革命で帝政が倒されたのち、内務省でムスリム問題を担当していた官吏ルィバコフ（一八六七〜一九二二）は、ロシア・ムスリムの新方式運動について興味深い覚書を記している。曰く。

この運動はムスリム学校における従来の不合理で形式的な教育を新しいヨーロッパの教育学にあわせて改革することから始まり、やがてヨーロッパおよびロシア文化を基礎にこれを刷新すべく、ムスリムの生活のあらゆる側面をおおうようになった。先覚的なムスリムたちは、生活様式の遅れや停滞の中にムスリム大衆のみじめな現状の要因を見いだしたからである。彼らはアラビア語に代えて生徒の母語による新しい（発声式の）教育法を導入し、そこから運動も新方式とよばれ、学校でも社会でも自分たちの定期刊行物や文学、歴史研究、属する民族の慣行、団体などの創設や創造によって自らの民族主義を彫琢《ちょうたく》し始めた。[20]

ジャディード運動をこのように評価した彼は、これを「ロシア文化の総体的な発達」の一面として理解すべきことを指摘する。しかし、これに対して帝政はどう対応したのか。

20 小松久男「汎イスラーム主義再考」塩川伸明・小松久男・沼野充義編『記憶とユートピア』東京大学出版会，2012 年，43 頁。

新方式運動は、宗教的な基盤に基づいて全ロシア・ムスリムを統合することをめざしているという前提から出発して、旧政府は運動の中に国家の危険、ロシアの一体性を脅かす要因を認め、それゆえに活動家には疑惑の目を向け、これを否定的に扱った。運動は個々の民族で最良の聖職者を擁していたが、内務省はムスリムの宗務を管理するにあたり、彼ら以外の保守的で知的にもモラルの面でもこれに劣る分子に頼ることをよしとしたのである。

しかしながら、個別の民族の文化的、民族的な自立への志向は、国家の一体性への脅威どころではない。民族は自立しえるが、国家からの分離を求めるわけではない。新方式運動は、ロシア・ムスリムの健全な文化的発展の表れであり、この場合に内務省の犯した誤謬《ごびゅう》とは、ロシアにおけるイスラームの自然な文化的な発展に反した行動をとったことにある。[21]

このルィバコフの率直で当を得た評言は一九一七年のロシア二月革命をへてはじめて記すことができたとしても、ロシアの論者の中でジャディード運動についてこれほど的確な評価をくだした例はないだろう。しかし、このような認識が次のソ連時代に受け継がれることはなかった。

21 小松久男「汎イスラーム主義再考」44頁。

第2章　ソ連時代のイスラーム

ロシア二月革命から自治宣言へ

　現代中央アジア諸国の原型はソ連時代につくられた。ロシア革命の中から生まれたソヴィエト政権は、激しい内戦をへて一九二〇年代に中央アジアにおける権力を確立する。それは、イスラームを政治と社会、文化のあらゆる領域から除去することによって、中央アジア社会の進歩と発展、そして世俗的なソヴィエト文明への統合を実現しようとした。科学的無神論を掲げたソ連邦の時代、中央アジアのイスラームはもっとも過酷な時代を経験したといえる。しかし、こうした条件にもかかわらずイスラームの伝統が途絶えることはなく、この間に復興の萌芽があらわれたことも事実である。本章ではソ連時代のイスラームの動態を概観する。

　一九一七年、第一次世界大戦のさなかに起こったロシア二月革命は、中央アジアをはじめとするロシア領内のムスリム諸民族に新しい展望を開いた。帝政の崩壊は、民族の自治を実現する機会をもたらしたからである。ムスリム地域における自治運動は急速な高まりをみせ、トルキスタンの中心都市タシュケントではロシア人の労働者・兵士代表ソヴィエトに対応するかたちでジャディード知識人がイスラーム評議会《シュライ・イスラム》を結成し、ムスリムの政治的な要求をまとめる作業に着手した。このときトルキスタンのムスリム人口は一〇〇〇万をこえていたが、ロシア人は六五万にすぎなかった。四月、ロシアの軍政が終わったあとに開かれたトルキスタン・ムスリム大会は将来の連邦制ロシアについて議論したが、保守派と改革派の対立は激しかった。

　五月にはモスクワで全ロシア・ムスリム大会が開催され、社会主義者や女性を含む八〇〇人あまりの代表が一堂に会した。大会は初め、カザン征服以来の抑圧と隷属からの解放感にあふれていたが、しだいにムスリム共同体の中の多様性や対立関係があらわとなった。議論をするにしても適切な共通語はみあたらず、発言はしばしばロシア語でおこなわれた。それでも大会は社会変革への志向を明確に示していた。土地改革と農民への土地の分与、男女の政治的な権利の平等、多妻婚や幼年婚の禁止、八時間労働制などは画期的な成果であり、女性参政権にいたっては欧米諸国と比べても先進的であった。しかし、こうした決議はタタール人やアゼルバイジャン人ら経済的・文化的な先進地域の代表には支持されたが、保守的なトルキスタンの代表は、イスラーム法に照らした慎重な協議を口実として議決には加わらなかった。

大きな関心をよんだのは、ムスリム宗務協議会の改革、そしてきたるべき民主的なロシアの国家像(連邦制か単一のロシア国家か)であった。ルィバコフが指摘したように(四九頁参照)、ここでもロシアからの分離独立を唱える者はいなかった。激論の結果、アゼルバイジャンやカザフ草原、トルキスタンなどムスリムがまとまって居住するところでは領土的自治、ロシア内地のようにムスリムが分散したマイノリティとして居住するところでは文化的自治を実現することになった。

このような決定を受けて、トルキスタンでも自治に向けての議論が高まり、テュルク連邦主義者党のようにトルキスタン自治をめざす政党も組織された。ベフブーディーも作成にかかわった党の綱領は、ロシア連邦内のテュルク系ムスリム諸民族の連帯を表明しながら、普通選挙によるトルキスタン立法議会の開設、多様な宗教の共存、自立性の高い体系的な学校制度の確立を謳っていた。しかし、同じムスリムの間でも意見を集約するのは容易ではなかった。ムスリム保守派はウラマー協会と称する政治組織を結成し、ジャディードの主導するイスラーム評議会との対抗関係が高まったからである。八月のタシュケント市議会選挙はウラマー協会の圧勝に終わり、保守派はその影響力を誇示した。この選挙はまた、ボリシェヴィキへの支持がきわめてわずかであったことも示している（獲得議席数は、総議席数七〇七のうち、ウラマー協会六二、社会革命党二三、イスラーム評議会一一、社会民主党五などであった）。しかし、政治状況は急速に変化していた。それから数カ月後に起こったロシア十月革命により、首都にはソヴィエト政権が樹立され、レーニンを首班とする人民委員会議が権力を掌握することになる。

その直後、レーニンとスターリンは、ロシアと東方の全ムスリム勤労者にあてて歴史的なアピールをだした。

ロシアのムスリム、ヴォルガ沿岸とクリミアのタタール人、シベリアとトルキスタンのキルギス人（カザフ人）とサルト人（ウズベク人）、ザカフカースのチェチェン人と山岳人、そのモスクが破壊され、その信仰と慣行をロシアのツァーリと抑圧者によって踏みにじられたすべてのムスリム諸君！　いまや諸君の信仰と慣行、民族、文化的な制度は自由にして不可侵と宣言する。みずからの民族生活を自由かつ支障なく営みたまえ。諸君はこの権利をもっているのだ。諸君の権利は、ロシアのあらゆる民族の権利と同じく、革命とその機関、すなわち労働者と兵士、農民代表ソヴィエトの全力によって保護されていることを承知されたい。[1]

このとき革命政権は、ロシア軍がサマルカンド征服後に取得したクルアーン（コーラン）

1　小松久男（編著）『中央ユーラシア史』山川出版社，2000年，397～398頁。

の古写本（通称、第四代カリフ「ウスマーンのクルアーン」）もムスリム組織に返却した。旧帝国内に少なくとも二〇〇〇万を数えるムスリム諸民族の動向は、革命の帰趨《きすう》にとっても重要な意味をもっていたからである。

しかし、首都から遠く離れたトルキスタンの状況は緊張をはらんでいた。十一月、トルキスタンのムスリムは、保守派と改革派との微妙な妥協のうえにコーカンドで開かれた第四回臨時トルキスタン・ムスリム大会でトルキスタンの自治を宣言した。この大会にはロシア人やユダヤ人の代表も参加し、将来の議会では議席の三分の一がヨーロッパ系住民に割り当てられることになっていた。しかし、植民地のロシア人を中心に成立したタシュケント・ソヴィエトは、階級的な基盤をもたないことを理由に自治政府を承認しなかった。こうしてトルキスタンには二つの政権が生まれたが、翌年二月、ソヴィエト政権は圧倒的な軍事力を行使して自治政府を打倒した。この流血の事件を契機として、トルキスタン、とりわけフェルガナ地方には反ソヴィエト武装抵抗運動（バスマチ運動）が拡大し、秩序の解体と飢餓がムスリム社会を襲うことになった。

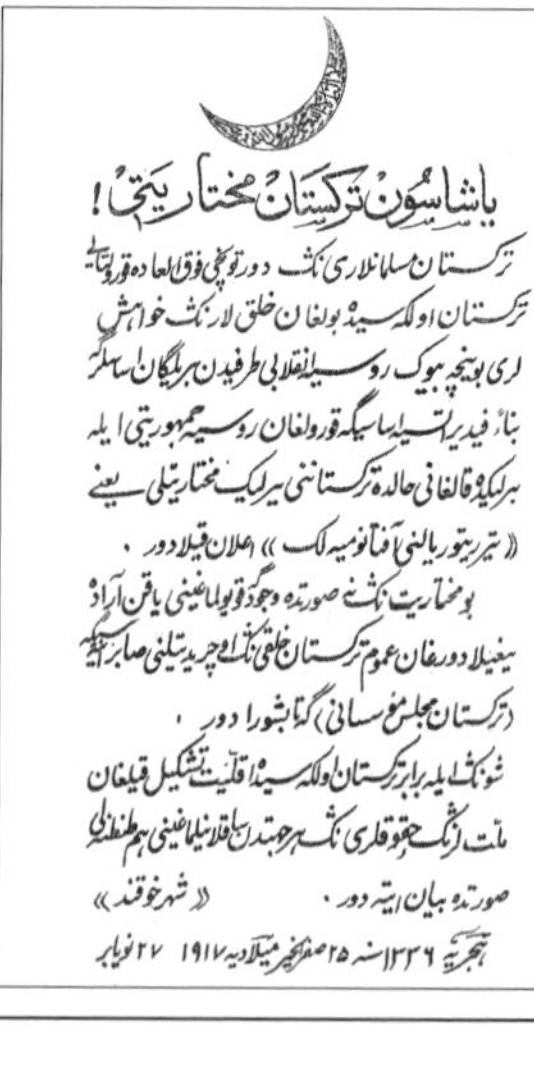

▶トルキスタンの自治宣言を告知する文書　文末にコーカンド市, 1917年11月27日とある。

ソヴィエト政権とイスラーム

トルキスタンに成立した初期のソヴィエト政権は、かつての植民者ロシア人の政権という性格を強くもっており、その「大ロシア主義」や食料・家畜の徴発をともなう戦時共産主義は、ムスリム民衆の反感を買い、かえってバスマチ勢力の拡大をまねいていた。ムスリム住民の間には一九一六年反乱[2]の凄惨な記憶も残っていた。内戦の激化を憂慮したレーニン以下の共産党中央が、ソヴィエト政権とムスリム住民との間の疎隔を埋めるために現地要員の積極的な登用を指示したのには十分な理由があった。登用された要員はムスリム・コムニストとよばれ、トルキスタン共産党の中には一九一九年三月、彼らを統括する地方ムスリム・ビューローが創設された。彼らは党内でしだいに頭角をあらわしたが、ムスリム社会にはなじみのうすい階級闘争よりは民族の解放、植民地の遺制からの脱却を重視し、アジアに広がる植民地革命も構想した。

一九二〇年一月トルキスタン共和国中央執行委員会議長兼ムスリム・ビューロー議長の要職にあったカザフ人のルスクロフ(一八九四〜一九三八)らは、党と国家の名称を「テュルク諸民族共産党」および「テュルク・ソヴィエト共和国」に改めようとした。彼らによれば「トルキスタン共和国は民族的なソヴィエト共和国であり、そこで自決をおこなう原住の民族はテュルク民族」なのであった。この共和国には、いずれ保護国時代の体制が打

2 第一次世界大戦下の1916年6月，ニコライ2世が戦時労働力の不足を補うために中央アジアの異族人成年男子を大量に動員する勅令を発すると，各地に大規模な抗議行動が起こり，とくに遊牧民からの土地収奪がおこなわれていた地域では入植者と地元民との間に流血の衝突が起こった。反乱はロシア軍の過酷な懲罰作戦で鎮圧されたが，植民地統治は大きくゆらぐことになった。

倒されたあとのブハラとヒヴァの両国、それにウラル地方の一部も加わることが想定されていた。しかし、こうした行動は新装の汎イスラーム主義、汎トルコ主義とみなされ、ただちに党中央の介入をまねくことになった。

一方、ジャディード知識人の一部はバスマチ運動に加わったが、多くはソヴィエト政権下で教育・文化活動に従事した。ソヴィエト政権との提携は、ムスリム保守派の反動や干渉に抗してムスリム社会の変革をはかるには有効な戦略でもあった。例えば、一九一九年初め、フィトラトがタシュケントに設立した文芸サークル「チャガタイ談話会」は、アラビア文字表記の改革や若い作家・詩人の養成、口承文芸の採集などと並んでトルキスタン人のための新しい文章語の創造につとめた。また、一九二二年に別のジャディード知識人グループが創刊したイスラーム雑誌『真実《ハキーカト》』の標語には、「宗教なき社会、社会なき宗教はなし」とあった。一九二〇年代、ジャディード知識人には、まだ活動の余地が残されていた。

都市と農村の別なくムスリム大衆に強い影響力をもっていた保守派の聖職者（ウラマーやイシャーン）は、ソヴィエト政権にとっても無視できない存在であった。こうしたなかで初期のソヴィエト政権は、中央アジアの保守的なイスラームを制御し、ムスリム聖職者を分断するために、ジャディード知識人を登用する一方、保守派に対抗できるウラマーと

▲イスラーム雑誌『真実《ハキーカト》』の題字（1922年8月1日刊行の創刊号）
誌名をロシア語に訳すと『プラウダ』になる。

も提携をはかった。例えば、シリア出身でシャーフィイー法学派の理論をおさめた通称シャーミー・ダームッラー(一八七〇年頃〜一九三二)はその好例といえる。彼は、カイロのアズハル大学に学んだのち故郷に帰ったものの、ワッハーブ派の嫌疑を受けてオスマン帝国から追放され、その後政権を握った青年トルコ人政府の意向を受けて一九一〇年代のカシュガルで「東方のムスリムの覚醒」を促す活動に従事していたが、一九一九年内戦下の中央アジアにはいり、タシュケントではその深い学識と雄弁なアラビア語を駆使して、旧来の学説を墨守するだけのハナフィー派ウラマーを論駁《ろんばく》したという。先例や慣行ではなく、もっぱらクルアーンとハディースにもとづいてイスラーム法解釈をくだし、初期の「清浄な」イスラームに回帰すべきと主張した。彼はそのためにマドラサでブハーリーのハディース集を講じ、またその読誦会を開いて多くの聴衆を集めたという。このようなシャーミー・ダームッラーの姿勢は、復古的改革主義(サラフィーヤ)といえるが、ソヴィエト政権はここに保守派の牙城を突き崩す「進歩的」ウラマーの可能性を認め、彼の言論・教育活動を容認したのである。彼は「イスラーム社会主義」を思わせる講演をおこなったこともある。

やがて激しい内戦を勝ち抜いたソヴィエト政権は、中央アジアの歴史的な構造を変革する一連の政策を実行しはじめた。その第一は一九二四年の民族・共和国境界画定である。

それは、トルキスタン自治共和国とホラズム・ブハラの両人民ソヴィエト共和国[3]を解体し、そこに居住する多様なエスニック集団をウズベク、タジク、カザフ、キルギス、トルクメンなどの民族別にまとめあげ、それぞれに共和国、自治共和国、自治州などの地位を与えるものであった。もっとも、内実はいずれも多民族構成であり、民族的に均質な共和国は一つとしてなかった。ソヴィエト政権は、社会主義建設を実行するために民族別共和国を創設して、これを巨大な連邦に統合する一方で、ルスクロフら中央アジア出身の党員やムスリム知識人の汎イスラーム主義・汎トルコ主義的な傾向を抑えることを意図していたと考えられる。この大事業は、イスラームの共同体への帰属意識にかえて、「社会主義民族」の形成をめざす試みであったともいえる。画定事業に参画した現地党員の間には中央アジア連邦の構想もあったが、それが日の目をみるこ

▲**中央アジアの民族・共和国境界画定**(小松久男編『中央ユーラシア史』406頁をもとに作成)

とはなかった。この民族・共和国境界画定は、当時「第二の革命」とよばれたが、現代中央アジア諸国の原型はこのときに成立したことを考えれば、この表現は決して誇張ではないだろう。

次の課題は、中央アジアの「封建的」な社会と「後れた」経済を社会主義の実現によって発展に導くことであった。南部のオアシス地域では、一九二〇年代後半に土地・水利改革がおこなわれ、富農・バイ(地主・資産家の総称)層の土地や水利権、生産手段が国有化され、貧農に分与された。富農とされた家族にはウクライナのような遠隔の地への追放など過酷な処分が待っていた。

この富農・バイ撲滅政策に続いてソヴィエト政権は農業の全面的な集団化を断行した。自立的な個人経営にかわってコルホーズ(集団農場)が編成され、それは社会の基盤をなす生産・行政組織となった。コルホーズは、大フェルガナ運河などの幹線灌漑水路から供給された水で綿花モノカルチャーを支える柱であった。以後、この地域は連邦経済の中で「白い金」と名づけられた原料綿花の供給地となった。北部の遊牧地域では一九三〇年代初めに遊牧民の強制的な定住化と集団化がおこなわれたが、その性急な政策はカザフ人口のおよそ四割(一七五万人)を奪うという悲劇を生んだ。この政策は、中央アジア史の一方の主人公、遊牧民の歴史に終止符を打つものでもあった。かつての遊牧地域、とくに草原

3 帝政ロシアの保護国であったヒヴァ・ハン国とブハラ・アミール国では，1920年2月と9月に赤軍の介入した革命によって旧体制が打倒され，人民共和国が成立した。

の縁辺地域では一九五〇年代の「処女地開拓」開発政策によって小麦生産が進展するとともに、スラヴ系移住者の人口比率が急速に高まった。これは、現代カザフスタンの人口構成にも反映されている。

　こうした政策と並行して、ソヴィエト政権は一九二〇年代から共産党や政府機関の要員、各種の専門家を現地の民族から登用するコレニザーツィヤ政策をとった。その基盤となったのは世俗的なソヴィエト学校の開設であり、識字率の向上をめざして各民族語の整備（正書法の確立、教科書や辞書の作成、国語教育）も進められた。その後、ソヴィエト学校ではしだいにロシア語の比重が増し、ソヴィエト教育システムの中で育った民族エリートは、一九六〇年代にはいると共和国政治の担い手として重要な役割をはたすようになった。

イスラームに対する抑圧

　ソヴィエト政権がめざしたのは、高い生産力と単一のイデオロギーに支えられたいわばユートピアの建設であり、そのために中央アジアでも社会の全面的な改造が推し進められ、その過程でイスラームに対する抑圧はしだいに強められていった。政権はイスラームをイデオロギー上のライヴァルとみなしたばかりではない。イスラームの制度や慣行を中央アジア社会の後進性の要因、社会主義建設の障害とみなしたからである。こうして、一九二

4　ゼンギーアタ・モスクの元イマーム，サリム・アフンド・アタ氏の教示による。

○年代末にかけてイスラーム法やアラビア文字の廃止、モスクやマクタブ、マドラサ、マザール（聖廟）などの宗教・教育施設の閉鎖や他目的への転用（住宅、倉庫など）、その経済的な基盤をなしていたワクフ財産の国有化、そしてムスリム知識人に対する抑圧がおこなわれた。現代文明への適応に必要な基礎科目をそろえた普通教育の導入と普及は、ジャディード運動の目標であったが、ソヴィエト学校で教えられるのは、もはやイスラームの基礎ではなく科学的無神論であった。ムスリム知識人の目からすれば、中央アジアはまさに「戦争の家」に化したといえる。多くの参詣者を集めてきたゼンギーアタ廟も一九三〇年に閉鎖された。さきにふれたスカイラーが一八七三年に訪れた大祭（二一頁参照）は、断食月に先立っておこなわれていた祭事で、参詣者は羊や鶏を犠牲に捧げ、たくさんの食べ物を用意するとともに特別のお参りをするのがならわしであったが、こうした儀礼も禁止されるにいたった。しばらくの間は密かにこの儀礼をおこなう人々の姿がみられたが、いまはこれを知る人の数も少ないという。[4]

ムスリム聖職者は、イスラームを攻撃するキャンペーンでは恰好の標

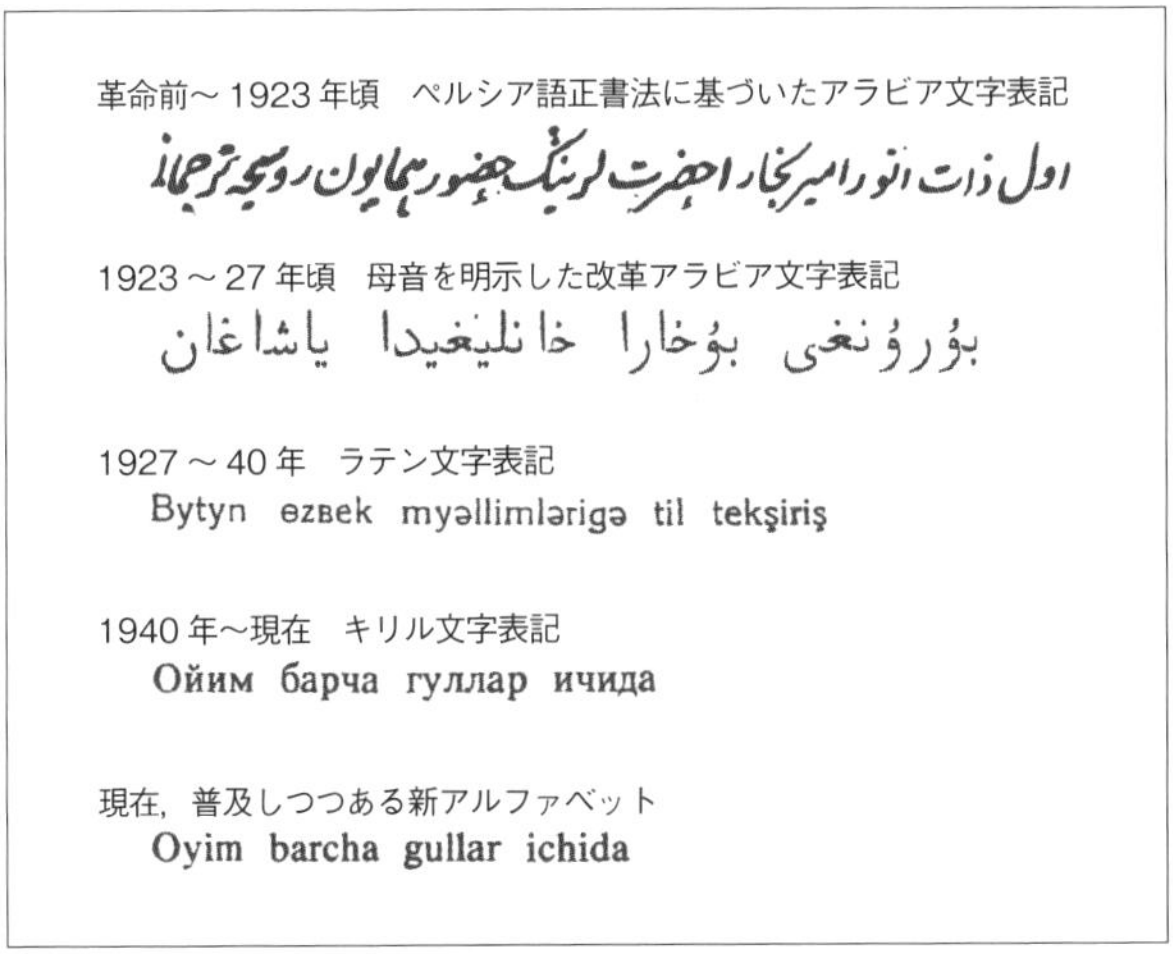
革命前～1923年頃　ペルシア語正書法に基づいたアラビア文字表記
1923～27年頃　母音を明示した改革アラビア文字表記
بۇرۇنغى بۇخارا خانلىغىدا ياشاغان
1927～40年　ラテン文字表記
Bytyn əzbek myəllimləriga til tekşiriş
1940年～現在　キリル文字表記
Ойим барча гуллар ичида
現在，普及しつつある新アルファベット
Oyim barcha gullar ichida

▲20世紀の中央アジアにおける文字の変遷（ウズベク語の場合）

的とされた。次頁上の風刺画は、かつての威厳や人々の敬意はすっかり失われて、住み慣れたマドラサから「お前に居場所はない」と蹴り出された教師《ムッラー》を描いている。この光景をみて喜んでいるのはピオネール（共産少年団）の少年たち、すなわち未来のエリートである。次頁中の風刺画は、いかにも裕福で尊大なイシャーンに対して貧農の要求をつきつける青年を描いている。しかし、彼のうしろにいる農民たちを見ると、イシャーンへの服従と敬意をなお捨てきれないさまがうかがわれる。この画には聖職者に対する民衆の盲従を過去の悪習として否定するとともに、貧農を搾取するイシャーンを撲滅すべき「階級の敵」として攻撃する政権の意図を読み取ることができる。こうした反イスラーム・キャンペーンは階級闘争、とりわけ同時期に進められていた「非富農化運動」の一環でもあった。

この時代のムスリム聖職者の動向について、一九二七年の合同国家保安部の一文書は、次のように伝えている。

存立の基盤を失って落ち目のイシャーンたちは、大衆への影響力をめぐって仲間割れをおこしており、この闘争はフェルガナではかなり先鋭化している。例えば、ナマンガンのイシャーン集団は、自分たちの作成した裁定書で、イシャーンとみなされるのは個人の資質や貢献によってその称号をえた者だけであり、世襲によるものではない。世襲のイシャーンは徒食の輩《やから》であってこれは排斥すべきと主張している。発展の後れ

▲**職場のマドラサから追放されるムッラー**
（ウズベキスタンの風刺雑誌，1926年）

▶**資産家のイシャーンを告発する貧農**
（ウズベキスタンの風刺雑誌，1926年）

◀**マラル・イシャーン・モスク**
このモスクもソ連時代には閉鎖され，その後，児童劇場に転用された（114頁参照）。

た管区（カシュカダリヤ、スルハンダリヤ、タジキスタン）では、聖職者のすべてにわたって指導的な役割を演じているのはイシャーンであり、モスクのイマームも多くの場合イシャーンの同意をえて任命される。イシャーンの活動はなんの制約も受けず、いくつかの地区では信徒間の訴訟を解決するのは今もってイシャーンである。こうした地区では、イシャーンはソヴィエト学校の開設に反対してめざましい成功をおさめている。

最近、カシュカダリヤ州のいくつかの拠点では、ブハラから学識ある聖職者が押し寄せてきたために、イシャーンは住民に対する影響力を彼らと分かち合わねばならなくなっている。[5]

ここからは、地域社会の掌握をめざすソヴィエト政権がムスリム聖職者をライヴァルとみなしていたことがわかる。僻地の町や村に「押し寄せた」のは、赤軍の介入した一九二〇年のブハラ革命[6]とその後の動乱と抑圧のために「聖なるブハラ」を追われたウラマーのことだろう。この例のように中心的な都市から離れることを余儀なくされたウラマーの「疎開」は一九三〇~四〇年代にも各地にみられた。彼らはソヴィエト体制に順応するかたちで農村地域のコルホーズで働きはじめたが、やがて彼らの間には幅広いネットワークが形成され、マルギラン近くのレーニン・コルホーズのように非合法の宗教教育の拠点として

5 *Islam i sovetskoe gosudarstvo* (*1917-1936*). *Sbornik dokumentov,* Vypusk 2, Moskva, 2010, str. 112.

6 帝政ロシアの保護国ブハラのアミールは，1917年のロシア革命後も政権を維持していたが，1920年9月，赤軍の介入した革命によって政権の座を追われ，かわってブハラ人民ソヴィエト共和国が成立した。

知られるところも出現した。

スターリン時代、とりわけ一九三〇年代末の粛清は、多数のムスリム知識人の生命を奪い、知的伝統の継承に大きな打撃を与えた。フィトラトをはじめ学術や文学、教育の領域で活動していたかつてのジャディード知識人のほとんども、「反革命活動」「汎イスラーム主義者」などの罪状で処刑された。アラビア文字にかえて使用されていたラテン文字も、一九三八年以降ロシア語と同じキリル文字に転換された。わずかの間にこれほどの文字の転換がおこなわれた例はほかにないだろう（六一頁参照）。当局にアラビア文字文献の所有をとがめられることを恐れた家では、これを地中にかくしたこともあったという。公的な空間では戦闘的な無神論宣伝が組織的におこなわれる一方、中央アジア社会の「封建的な遺制」を打破するために、南部オアシス地域ではムスリム女性の解放キャンペーン（攻撃《フジュム》）が進められた。これには女性の労働力を社会に引き出すねらいもあったが、パランジ（頭から足先まで全身をおおうヴェール）を取り去ることへの抵抗は強く、スカーフを頭に巻くスタイルが普及するのにも多大な時間を要した。ソヴィエト政権は、イスラームの伝統を根こそぎ除去し、かわりに普遍的で世俗的なソヴィエト文明を扶植しようとしたのである。中央アジアは、ほかのムスリム諸国からも事実上隔離されることになった。

大祖国戦争と宗務局

「第二次世界大戦（大祖国戦争）の前夜、ヒドルがスターリンの夢枕に立ってこう語ったという。「汝はまもなく強敵と戦わねばならなくなる。モスクを一つでも再開させたら、敵に勝たせてやろうぞ」と。スターリンは部下たちとの長い口論のすえに、一つならず何百ものモスクを再開させた」。これはムスリムの間にまことしやかに伝えられた伝説である。ヒドルとはイスラーム世界の説話や伝説で広く知られている、不可思議な力をもった人物で「緑の男」ともよばれる。クルアーンにも登場するとする解釈もある。

一九四一年六月、ナチス・ドイツ軍がバルバロッサ作戦を発動してソ連領内に侵攻した後の最初の金曜日、タシュケントやフェルガナのムスリムは閉鎖されていたモスクに参集した。彼らは露天で「君主《パーディシャー》の健勝と勝利」を祈願し、続いて「敵の頭に死が降《くだ》る」ことを神に祈ったという。人々は古くから伝わる慣行を忘れてはいなかったのである。敬虔《けいけん》な信徒の祈願がどれほどの効果をもったのかは不明だが、政権はイスラームに対する抑圧政策を改めていくつかの妥協をおこなった。総力戦にはいったソヴィエト政権にとって中央アジアのムスリム諸民族の動員と協力は不可欠であったからである。一九四三年の秋、ウラマーの長老で論説「ファシズムは正しきムスリムの敵」の著者であったイシャーンハン・ババハン（一八五六〜一九五七）はモスクワを訪れ、スターリンとの面談を許された。

このときスターリンは、「ムスリムの士気と生活ぶりを丁重、懇切に尋ね、ムスリムの大会を開いて宗務局をつくり、侵略者に対する戦いを断固として遂行することを提案した」という。その言のとおり、ソヴィエト政権は一九四三年十一月タシュケントに中央アジア・カザフスタン・ムスリム宗務局の創設を認可する。帝政時代のトルキスタンにもなかったムスリムの統括組織がこの時期に創設されたのには、国際的な要因もあった。スターリンは直後に連合国首脳とのテヘラン会議をひかえており、ソ連において信教の自由は守られていることを示す必要があったからである。

この公認ムスリム組織は、政府の統制下にムスリムの指導や教育、モスクをはじめとする宗教施設の管理、聖職者の育成、海外のムスリム諸国との交流などをおこなうことになる。この宗務局の下で再開されたマドラサ、ブハラのミーリ・アラブ(一九四五年、学生数六〇人)とタシュケントのバラク・ハン(一九五六年、学生数三〇人)は、ソ連国内で公認されたわずか二つのイスラーム高等教育機関であり、ソ連各地のモスクのイマームなどの聖職者の育成にあたった。初代(前記のイシャーンハン・ババハン)から三代の長きにわたって(一九四三〜八三年)宗務局長《ムフティー》を務めたのは、かねてから高名なウラマーを輩出してきたババハノフ家であった。彼らはソヴィエト体制に順応しながら、女性のヴェール着用は義務ではないなどの、数々のファトワー(法的判断)を発布した。ちなみに

◀ブハラのミーリ・アラブ・マドラサ　1536/37年の創建で,「聖なるブハラ」を代表する巨大なマドラサとして知られる。

二代目のムフティー、ジヤウッディン・ババハノフ（一九〇八～八二）は、前述のシャーミー・ダームッラー（五七頁参照）からブハーリーの著作を中心とする難解な講義を受け、最後まで残った四人の学生の一人であった。シャーミー・ダームッラーの説いたシャーフィイー派の厳格な教説が、タシュケントの若いウラマーの間に受け継がれ、その一人がのちに中央アジア・カザフスタン・ムスリム宗務局のムフティーとして長年にわたってソヴィエト・イスラームの指導にあたったことは興味深い。彼は、マザール参詣にさいしての異教的な儀礼などの慣行に批判的な立場をとるとともに、ブハーリーの顕彰に努めたことで知られている。一九七一年に彼の指導下でバラク・ハン・マドラサにかわって創設されたタシュケントの高等学院は、イマーム・アル・ブハーリーの名前を冠している。

宗務局は、再開されたモスクやマザールを管理下におくとともに（一九五二年には中央アジアの五つの共和国で六六のモスクとマザールが公認されていた）、マッカ・マディーナ（メディナ）への巡礼の再開を請願して承認されている。巡礼の再開について審議したソ連邦人民委員会議付属宗教信仰問題協議会は、一九四四年九月、人民委員会議議長代理モロトフに次のように報告している。

過去二〇年間ソ連からの巡礼はおこなわれていないことに鑑み、ソ連邦人民委員会議付属宗教信仰問題協議会は中央アジア・カザフスタン・ムスリム宗務局の請願を受理

[7] *Islam i sovetskoe gosudarstvo (1944-1990). Sbornik dokumentov,* Vypusk 3, Moskva, 2011, str. 34-35.

することは、なによりもソ連国内において肯定的な意味をもち、信徒の間に宗務局の権威を高めることになると考える。

　他方、近東のムスリム諸国においても、ソ連からの巡礼という事実は同じく肯定的な意味をもつだろう。この事実はソ連に存在する信教の自由を証明することになろう。

　このことを踏まえ、かつ中央アジア・カザフスタン・ムスリム宗務局の請願を拒む材料はないことから、宗教信仰問題協議会は本請願を支持することが妥当と考える。[7]

ソヴィエト政権は、宗務局を中央アジアのムスリムを管理するうえで有効な組織とみなすとともに、中東ムスリム諸国との外交においても活用できると考えていたことがわかる。このように政府と宗務局との関係は明らかであり、ムスリムの中には「官製」の宗務局と距離をおく、あるいはそのファトワーには従わない人々も少なくはなかった。しかし、ソ連時代を通じてこの宗務局は中央アジアのイスラームを代表する唯一の公的組織であり、一九六八年に創刊した機関誌『ソヴィエト東方のムスリム』は、ウズベク語とアラビア語で刊行され海外にも送付されていた（一九七四年からは英語・フランス語版も刊行）。もっ

◀**中央アジア・カザフスタン・ムスリム宗務局の機関誌『ソヴィエト東方のムスリム』**　この号の表紙を飾るのは，カザフスタン南部チムケント市の金曜モスクのイマームと信徒たち（アラビア文字ウズベク語版）。

▲**2代目ムフティー，ジヤウッディン・ババハノフ**

とも、それが中央アジアのムスリム社会の現実について伝えるところは限られており、ソ連時代のイスラームの実態が明らかになるのはソ連解体後のことであった。

ソ連時代のイスラーム

ソ連の中のイスラーム地域において世俗化政策が強く進められたのは、一九二五〜四一年の戦前期であった。総力戦となった大祖国戦争期になると、ソヴィエト政権はこれまでの厳しいイスラーム政策をゆるめたようにみえる。前述のように、一部のモスクは再開を許された。またそれまで非合法に運営されてきたモスクを公認するという方法もとられた。例えば、ウズベキスタンはナマンガン州のレーニン・コルホーズ（旧称はエンゲルス・コルホーズ）には、戦争に従軍してベルリン攻略戦にも加わったことのある議長がいた。彼はホージャ家[8]の出身で共産党員であったが、たくみな経営の才を発揮して、「文化宮殿」という名前のコルホーズ・クラブ（集会場）や学校、医療センターなどの建物を次々と建設したほか、それまで非合法であったモスクを、宗務局にかけあって合法的なモスクとして登録することに成功した。「礼拝するのは老人だけだから」というのが当局に対する彼の説明であった。当時を振り返った彼は「イスラームへの貢献」だったと回想しているという。[9]大祖国戦争の勲章は、ソヴィエト公共圏では大きな力を発揮したにちがいない。

8　預言者ムハンマドと正統カリフの末裔とされる人々。のちには有力なスーフィー教団の導師とその子孫への敬称で，ホージャ家一族は長く崇敬と特権を享受した。

9　Bakhtiyar Babadjanov, The Economic and Religious History of a Kolkhoz Village: Khojawot from Soviet Modernisation to the Aftermath of Islamic Revival, pp. 217–218.

しかし、政権の妥協は限定的なものであった。ゼンギーアタ廟も一九四五年に再開されたものの、翌年にはふたたび閉鎖され、ソ連末期にいたるまで公開されることはなかった。戦後まもなくして無神論宣伝はふたたび強化された。イスラームは政権による容認と排除の間におかれていたのである。それではこの時期、無神論を普及する側はイスラームをどのようにみていたのだろうか。例えば、ソ連のある社会学者は宗教的な確信の程度に従って、ムスリムを次の三つのカテゴリーに分類した。

(1) 確信的信者　数は多くないが絶対的な帰依者であり、積極的な宗教宣伝をおこなうとともに、無神論者や異教徒に対しては偏狭な態度でのぞむ。

(2) 穏健な信者　年配者に多く、衷心から自己をムスリムとみなし、儀礼を励行する。しかし、他者に信仰を強制することはせず、無神論者に対してもおだやかに対応する。

(3) 薄弱な信者　中高年齢者に多いが、青年層にもみられる。儀礼は大きな祝祭の時にまれにおこなうにすぎない。神の観念と科学的な知識との間の矛盾を意識しているが、イスラームと民族的な伝統とを同一視しており、信者の中ではもっとも多い。

これらの程度の差こそあれイスラームの儀礼を守る信者は全体としては少ないが、現実にはもう一つ重要なグループが存在する。この第四のグループは、自分を信者とは考えないが、割礼や葬儀などの慣行を守る人々であり、知的エリートの中にも少なくない。彼ら

◀**従軍者の顕彰**　大祖国戦争はソ連国民の一体感を強めたといわれる。従軍して功績をあげた軍人はどこにあっても顕彰された。「この家には大祖国戦争の従軍者が住んでいる」という門につけられたこうした標識もその一つである(ウズベキスタン，ブハラ)。

もイスラームと民族的な伝統とを同一視しており、まさにその結果「イスラーム的伝統の温存」に協力しているとされた。中央アジアにおける無神論宣伝の専門家たちが提起したのも、まさに民族的な伝統と一体化したイスラームの根強い「遺制」はいかにすれば除去できるか、という問題であった。

ソ連邦はこの課題を達成することなく解体したが、ここに描かれたイスラームの姿は、ソヴィエト体制に適応しながら、イスラームの伝統を捨て去ることはなかった人々の姿にかさなる。ソヴィエト政権は一九二四年の民族・共和国境界画定によって中央アジアに民族の枠組みを導入したが、そこから成長した民族的なアイデンティティは、イスラームのいわば防壁となった。イスラームの伝統は人生儀礼(割礼、結婚、葬儀など)や、ひそやかなマザール参詣のように、規模や形式を自制した慣行の中に保持され、こうした慣行は民族的な伝統として説明することができた。共産党のヒエラルヒーをとおして上からおりてきた指令は、最後はコルホーズやマハッラ[10]のような現場で実行に移されたが、人々はそこでさまざまに折り合いをつけるすべを心得ていたように思われる。パランジは捨てるが、頭にはスカーフを巻くように。しかし、このようなイスラームのあり方に満足することができない人々がいたことも事実である。

およそ七〇年におよぶソ連時代に中央アジアは巨大な変容を経験し、ソヴィエト文明の

[10] このマハッラは都市内の地区あるいは近隣コミュニティのこと。独立後のウズベキスタンでは地域行政の末端を担う役割をはたしている。

中で現代化をとげた。それは南接するアフガニスタンをはじめとして、他のムスリム諸国ではみることのできない歴史的な経験であり、同時に現代中央アジア社会の基層ともなっている。ソヴィエト文明は、国家と宗教とを峻別する世俗主義の原則を導入したばかりではない。それは中央アジアに生産力の飛躍的な増大、平等な法と社会システム、教育の普及と科学技術の発展、保健衛生の向上とムスリム女性の解放をもたらした。連邦規模の計画的な人員配置や移住政策の結果、都市部を中心にロシア人をはじめ多様な民族が居住するようになり、ロシア語が共通語となった。その一方で、ソヴィエト文明は共産党による一党独裁の政治システムの弊害、一九三〇年代の農業集団化や粛清によるおびただしい犠牲、アラル海の消滅に象徴される大規模な環境破壊、連邦経済の中での南北の格差問題、顕著な人口増加にともなう若年失業者の増大など負の側面をあわせもっていた。ゴルバチョフ政権下のペレストロイカ期にあらわとなるイスラーム復興は、このようなソヴィエト文明を背景として生まれてきたものである。

第3章　イスラームの覚醒と再生

革新派の出現

一九八〇年代にソヴィエト体制がゆらぎはじめるとともに、中央アジアではイスラーム復興の動きがしだいに高まり、それはソ連解体後の中央アジアにおける巨大な変容の一つの局面をかたちづくることになった。この章では、ソ連末期からのイスラームの覚醒と再生の動態を概観することにしたい。

ソ連時代、中央アジアのイスラームは長く沈滞をしいられていたが、宗教教育の水脈はかろうじて保たれていた。敬虔《けいけん》なムスリムの家庭や旧市街のマハッラでは家族内での教育がおこなわれ、地方のコルホーズ（集団農場）などに身を寄せた学識者たちは、非合法の私塾《フジュラ》を開いて後進を指導していた。中央アジア・カザフスタン・ムスリム宗務局が聖職者の養成を独占していたわけではなかった。こうした中、一九七〇年代半ばからウズベキスタンやタジキスタン、とりわけ両国とキルギス三国の国境がまじわるフェルガナ地方で若いイスラーム学徒たちの間に覚醒の動きが生まれた。彼らは敬虔であろうとすればするほど疎外されていくソヴィエト社会の現実に反発し、自分たちの社会がイスラーム的ではないことに危機感を募らせていた。彼らは、科学的無神論というソヴィエト・イデオロギーはもとより、ムスリム宗務局の体制順応的な姿勢や儀礼と慣行の実践だけで満足したかのようなイスラームの現状にも批判の目を向けるようになった。

それまでのイスラームのありかたに異議申し立てをした彼らは、真のイスラーム、すなわち預言者ムハンマドの言行が信徒の共同体に正しい規範を与えていたとされる、初期の「清浄な」イスラームへの回帰を主張し、イスラーム法にもとづいた社会の再生を求めた。このような考え方は、二十世紀のイスラーム世界に広がった復興主義の潮流、すなわちサラフィー主義と軌を一にしていたといえる(サラフとは預言者の教えを正しく継承したイスラーム初期の三世代をいう)。彼らは、中央アジアのハナフィー派の柔軟な法解釈やそれが許容してきたマザール(聖廟)参詣などの慣行にも異を唱え、自らを革新派《ムジャッディディーヤ》と称した。イスラームの「浄化と復興」を唱えた革新派とハナフィー派の伝統に従うウラマーとの間には、しだいに緊張と対立が高まっていくことになる。

革新派の思想には外からの影響もあった。ソ連時代、海外のイスラーム思想にふれる機会は限られていたが、いくつかの回路はあった。例えば、ムスリム宗務局の代表団は頻繁にアラブ諸国を訪問しており、そのメンバーはしばしばアラビア語の宗教文献を持ち帰っていた。また、東西冷戦期のタシュケントは、中東のイスラーム諸国にソ連社会主義による発展の成果を披露する場として、多くの留学生を受け入れていた。彼らが持参した宗教文献も革新派にとっては貴重な情報源となった。フェルガナ地方の革新派は、たびたびタシュケントを訪問しては、これらの文献を入手していたという。こうして一九七〇年代中頃には、ムスリム同胞団の指導者ハサン・バンナー(一九〇六〜四九)やサイイド・クトゥブ(一九〇六〜六六)、パキスタンのイスラーム主義団体「ジャマーアテ・イスラーミー」の創設者マウドゥーディー(一九〇三〜七九)らイスラーム復興主義者の文献が秘密裏に流布されるようになった。ソヴィエト体制と妥協した伝統的なイスラーム解釈に飽き足りなかった革新派の目からみると、これら海外の文献は清新かつ刺激的であったにちがいない。

革新派の指導者はフェルガナ地方では、いずれもアンディジャン出身のラフマトゥッラ・アッラーマ(一九四八〜八一)とアブドゥワリ・カリ・ミルザエフ(一九五〇〜九五年から消息不明)であった。彼らは無神論を原則とする非イスラーム国家(ソ連)にウンマ(信徒の共同体)は存立しえないと主張し、地方の村落やコルホーズにも教説を広め、支持者を獲得していった。タジキスタンでは、一九七三年四月に西南部クルガンテッパ州でアブドウッラー・ヌーリー（一九四七〜二〇〇六）が組織した地下の「イスラーム復興タジキスタン青年団」が知られている。この団体は宗教教育に着手するとともに、一九八〇年代後半からは地下出版の機関誌『イスラームの真理』を刊行した。ソ連解体後、ヌーリーはタジキスタン・イスラーム復興党の指導者として頭角をあらわすことになる。

こうした彼らの活動の急進化に大きな影響を与えたのは、イラン・イスラーム革命とアフガニスタンでのソ連軍に対するムジャーヒディーン（聖戦士）のジハードであった。一九七九年にパフラヴィー朝の世俗主義体制を倒したイラン革命は、革新派の目の前でイスラーム国家の成立を実現する大事件であり、テヘラン放送の呼びかけは、とくにペルシア語に近いタジク語話者の多いタジキスタンでは革新派の活動を鼓舞することになった。一方、ソ連は一九七九年十二月、アフガニスタンの人民民主党政権を支援するために軍を派遣したが、侵攻したソ連軍は多様な勢力からなるムジャーヒディーンの抵抗に直面し、八九年二月のソ連軍撤退まで激しいアフガニスタン戦争が展開された。ソ連軍に対するジハードもまた、革新派を鼓舞する大きな要因となった。この一九七九年は、ちょうどイスラーム暦十四世紀の終末にあたっていた。古くからの観念に従えば、新世紀の初めには「時代の革新者」が登場するはずであった。

ヒンドゥスターニーの反論

革新派の出現はもちろん当局の関知するところとなったが、それはムスリム共同体の分裂と弱体化をもたらすという判断から、当局はしばらくこれを放置したという。革新派のメンバーを地方の農村地域に放逐するという措置もとられたが、それはむしろ運動の拡散をまねくことになった。革新派の台頭に危機感を募らせたのは、ハナフィー派のウラマーであった。

老師ヒンドゥスターニー（一八九二〜一九八九）は、ムスリム共同体の分裂を回避するために、革新派への反論の筆をとった。彼の生涯は苦難に満ちている。本名をムハンマドジャン・ハーッジ・ムッラー・ルスタモフという彼は、コーカンドのウラマーの家に生まれ、コーカンド、ブハラ、アフガニスタン領のマザーリシャリーフ、タシュケントなどに学び、一九一七年のロシア革命後はアフガニスタンにわたり、さらに一九一九年からはインドに赴き、カシミールのマドラサで八年間修学した。ヒンドゥスターニー（インド人）という渾《あだ》名《な》は、これに由来する。一九二九年コーカンドにもどったが、ソヴィエト政権の抑圧を受けて二年の強制労働、さらに三年のシベリア流刑に服し、釈放後まもなくすると今度は大祖国戦争に兵士として動員され、ミンスクの戦場で重傷を負った。その後、タジキスタンの首都ドゥシャンベでイマーム職についたが、虚偽の密告によって四年半の禁固刑に処せられた。彼が名誉回復をはたすのはスターリン死後のことであった。これほどの苦難に遭いながらも、ソヴィエト政権の抑圧も神がくだした試練とみなし、非合法の私塾でイスラーム諸学を講じ、弟子の教育にあたった。彼はクルアーン(コーラン)のウズベク語訳注もおこなっている(全六巻、一九八四年完成)。

彼は、自分の弟子を含む革新派の出現がムスリム共同体を分裂に導く危険性を認め、その晩年に「イスラームに容認しがたい新奇をもたらす者たちへの返答」(一九八七年)という論説を書いている。この中でヒンドゥスターニーは、革新派がたたえたドゥクチ・イシャーンのジハードについて興味深い論評を加えている。彼はほぼ次のように述べる。

お前たちは、何も知らずにドゥクチ・イシャーンのジハードを賛美しているが、それは無学な戦士たちの思慮を欠いた行動にほかならず、ムスリムに甚大な被害を与えたのみである。お前たちは、やたらにジハードをよびかけようとするが、かのイシャーンのように自分や他者の、ましてや無実の人々の死をまねくようなことをしてはならない。けだし、クルアーンにいう。アッラーの道に惜しみなく財を使え。だがわれとわが身を破滅に投げ込んではならぬ[1](「クルアーン」第二章一九五節)。

ここにみられるアンディジャン蜂起の評価は、かつてのターイブと同一である(三六頁参照)。異教徒の支配下にあっても秩序の維持と共同体の安全を重視するハナフィー派の

[1] B. Babadjanov and M. Kamilov, Muhammadjan Hindustani(1892-1989) and the Beginning of the "Great Schism" among the Muslims of Uzbekistan, pp. 212-214. クルアーンの訳は，井筒俊彦訳『コーラン』(上・中・下，岩波文庫)，岩波書店，1964によった。

教義は連綿と受け継がれていることがわかる。異教徒に対するジハードよりも自己を邪悪な考えや無知から救う内面のジハードを第一義としたことでもターイブと軌を一にしている。さらにヒンドゥスターニーは、やはり革新派の賞賛するアフガニスタンのムジャーヒディーンの態度も批判する。モスクや聖地を破壊し、女性や子どもの殺傷と略奪に走る行為は、ジハードではまったくない、と。そして「もし彼らの方で和平に傾くようなら、お前もその方向に傾くがよい」というクルアーンの章句(第八章六一節)を引用して、人民民主党政権最後のナジブッラー大統領の和平提案を拒否したムジャーヒディーンの態度をとがめるのである。時にゴルバチョフがアフガニスタンからのソ連軍撤退を決定する直前のことであった。

ヒンドゥスターニーによれば、中央アジアのムスリムは、長い抑圧をたえしのんできた結果としてえられた今(ペレストロイカ期)の自由を享受すべきであり、ムスリム間の無益な殺戮は容認できなかったのである。そして、その翌年、彼は「ワッハーブ派の歴史」と題する短い論説を書いている。彼によれば、同派の祖イブン・アブドゥルワッハーブは正道をはずれた指導者であり、アラブの無学者が彼の邪説を信奉しているという意味で、この集団をワッハーブ派と呼ぶことができる。そして、イブン・サウードの愚かな衆は彼を預言者と認め、殺害と略奪をほしいままにしたと断罪している。このような批判は、中央アジアのハナフィー派ウラマーのワッハーブ派とその潮流に対する強い拒否感を物語っている。彼は目の前にあらわれた革新派もこのワッハーブ派の潮流に属するとみなし、これに「ワッハービー」の名前を与えた。これはまもなく中央アジアにおけるイスラーム過激派や異質な教説を説く者への通称となった。

ヒンドゥスターニーは、革新派の唱えるサラフィー主義を異質なものとしてしりぞけ、彼らの行動をいましめたが、分裂を避けることはできなかった。革新派は、敵対する勢力を「多神教徒」(イスラーム教徒ではないことを意味する)と呼んでこれを見くだし、対立は激化するばかりであった。対立はウラマーの間の論争にはとどまらず、民衆をも巻き込むことになった。

例えば、かつてのレーニン・コルホーズで聞き取り調査をおこなったウズベキスタンの研究者ババジャノフによれば、一九八八年にコルホーズ・クラブを会場として文芸サークルが創設されたが、それは実際にはアブドゥワリ・カリ・ミルザエフの薫陶を受けたワッハービーの教師が「新鮮で汚染されていない」精神をもつ二十歳未満の青年を教える学塾であった。この教師が「マザール参詣はイスラームに反する」などの教えを始めると、ホージャが多数を占める村人は子弟を自前の学塾に移したという。みずからの血統を誇り、父祖の墓への参詣を大切な慣行としてきたホージャからみると、ワッハービーの主張は自己否定に等しかったからである。また、ナマンガンからやってきたワッハービーの一団は、結婚披露の宴会《トイ》の場に乱入して酒瓶を割り、スカーフを着用していない女性を打ちすえたという。ワッハービーからすると、このような祝宴は「真のイスラーム」の許容しない行為であったが、村民からは激しい反発を買うことになった。しかし、高まるイスラーム運動に触発されて村を去り、ナマンガンに出て行く青年は少なくなかった。そのなかには後述するジュマ・ナマンガニーの姿もあった。[2]

再生するイスラーム

ゴルバチョフ政権がアフガニスタンからのソ連軍撤退を完了した直後の一九八九年三月、タシュケントでの第四回中央アジア・カザフスタン・ムスリム大会に出席したソ連閣僚会議付属宗教問題評議会議長は、かつてレーニンとスターリンがロシア十月革命の直後に出した「ロシアと東方の全ムスリム勤労者」あての、イスラームの信仰と慣行は今後「自由にして不可侵」というアピールを再読し、ソ連国家とイスラームとの新しい協調関係を約束した。この発言は、このアピールが事実上実行されなかったことを明らかにするものであった。このとき、長らく博物館入りしていた「ウスマーンのクルアーン」もムスリム宗務局に返還された。[3] 半世紀以上にわたるソヴィエト政権の反イスラーム政策は、ここに終

2 Bakhtiyar Babadjanov, The Economic and Religious History of a Kolkhoz Village: Khojawot from Soviet Modernisation to the Aftermath of Islamic Revival.

3 「ウスマーンのクルアーン」は革命後の1923年，中央アジアのムスリムの手に戻ったが，ソヴィエト政権の反イスラーム政策が強まると，ふたたび信者の手を離れ，タシュケントの歴史博物館に収蔵されていた。

焉をむかえたのである。時のウズベク共産党第一書記イスラム・カリモフ(一九三八～二〇一六)の言葉によれば、「政権とイスラームとの間の不信と対立の時代は過去のもの」となったのである。ちなみに、彼はこれから三年をへずして、クルアーンを前に大統領就任の宣誓をすることになる。また、これに先立つ二月には、タシュケントのムスリムの大集団が金曜礼拝の後、ウズベキスタン閣僚会議に「停滞の時代のムフティー」の解任と、彼らが自ら選んだ気鋭の法学者、ムハンマド・サーディク・ムハンマド・ユースフ(一九五二～二〇一五)のムフティー職就任を要求して、これを承認させていた。

ペレストロイカが保証したこのような宗教の自由化は、民衆レヴェルでの幅広いイスラームの再生をもたらした。モスクやマドラサの再建や建設、青少年のためのクルアーン学校や学塾の開設、多様な宗教団体の結成が進むとともに、街頭にはイスラームの基本的な教義や儀礼を解説した冊子類があふれた。割礼や結婚などの人生儀礼でも、それまでひかえられていたイスラーム的慣行が復活し、聖地巡礼やマザール参詣も日常的な風景となった。例えば、とくに敬虔ではなくとも結婚披露宴への招待状に「立派なイスラームの家庭を築きます」と記す家族もあった。ブハラ郊外のナクシュバンド廟やタシュケント近郊のゼンギーアタ廟などには、遠来の参詣者のための宿泊施設が建設された。ウズベキスタンでは一九八九年に三五〇だったモスクが、九三年には六〇〇〇まで増加するにいたった。

長く非公式に運営されてきたモスクや宗教学校の公認も進み、とくに強固なムスリム・コミュニティが存在するフェルガナ地方では多数のモスクとマドラサが創建された。これに対して、カザフスタンではモスクの増加よりはむしろイスラームにもとづいた葬送礼拝のような儀礼の再活性化というかたちでイスラームの再生が進んだことが報告されている。

モスクなどの建設は住民の喜捨や共同の労力奉仕《ハシャル》によるほか、ロシア革命後に中東諸国へ亡命したムスリム(ムハージル)の支援をえておこなわれた。サウジアラビアに定着したムハージルは、中央アジアにサラフィーヤを広めることに貢献していると指摘されている。ムスリム同胞団の思想に共感する若いムッラーが、サウジアラビアからの資金援助もえて、タジキスタンの首都ドゥシャンベ近郊にモスクを新築したという例もある(一九八八年)。サウジアラビアからは一〇〇万冊ものクルアーンが寄贈された。また、サウジアラビアやトルコからは少なからぬ宗教指導者が中央アジア諸国を訪れ、「正しいイスラーム」の教育にあたったほか、アラブ諸国やイラン(スンナ派の多い東南部のバルチスタン)、パキスタンなど海外のマドラサに留学する者の数もふえていった。中央アジアと外のイスラーム世界とを隔ててきた壁は、急速に崩壊したといえる。

ペレストロイカ期にイスラームに関する情報は爆発的に増大したが、それは同時にイスラーム解釈の多様性ももたらすことになった。例えば、ウズベキスタン作家同盟の機関誌

▶ペレストロイカ期に着工した新しいモスクの建築風景(ウズベキスタン, アンディジャン, 1991年)

▲ウズベキスタンのフェルガナ地方カーサーン・サイ市の金曜モスク　1990年代半ばに信徒の浄財と労力奉仕で再建された。

▲アラブの資金で建設されたキルギス中部スサミル高原のモスク

◀帝政ロシア時代から残るサマルカンドのロシア正教会

『東方の星』は、一九八九年からクルアーンのウズベク語訳の連載を開始した。同時期にはアラビア文字への関心もみられた。父祖から伝わる「歴史的な遺産」を回復、再評価しようとした編集部の試みは、中央アジア・カザフスタン・ムスリム宗務局長の支持も受け、幅広い反響をえたという。しかし、イスラームに関する基礎的な知識をもたなかった人々の中には、はじめての聖典にふれて、ときに独善的な、ときには字句どおりの単純な解釈を積み重ねて独自の教説を唱える者もあらわれた。例えば、フェルガナ地方(マルギラン)出身の元教師ママジャノフは、このウズベク語訳クルアーンに触発されて、ひたすらクルアーンに従って生きるべきことを説いて「啓蒙者たち《マアリファッチラル》」とよばれる信徒団を形成した。また、儀礼と慣行以上のイスラームを知らなかった人々の中には、海外から訪れた宗教指導者たちの雄弁な言説に影響を受け、中央アジアの伝統的なハナフィー派の教義に従わない傾向もあらわれるようになった。政治的な目標は掲げず、純粋な教義の理解と儀礼の励行を求めるパキスタンのイスラーム復興主義組織、タブリーギ・ジャマーアト(布教団)の活動もキルギスやカザフスタンでめだつようになった。

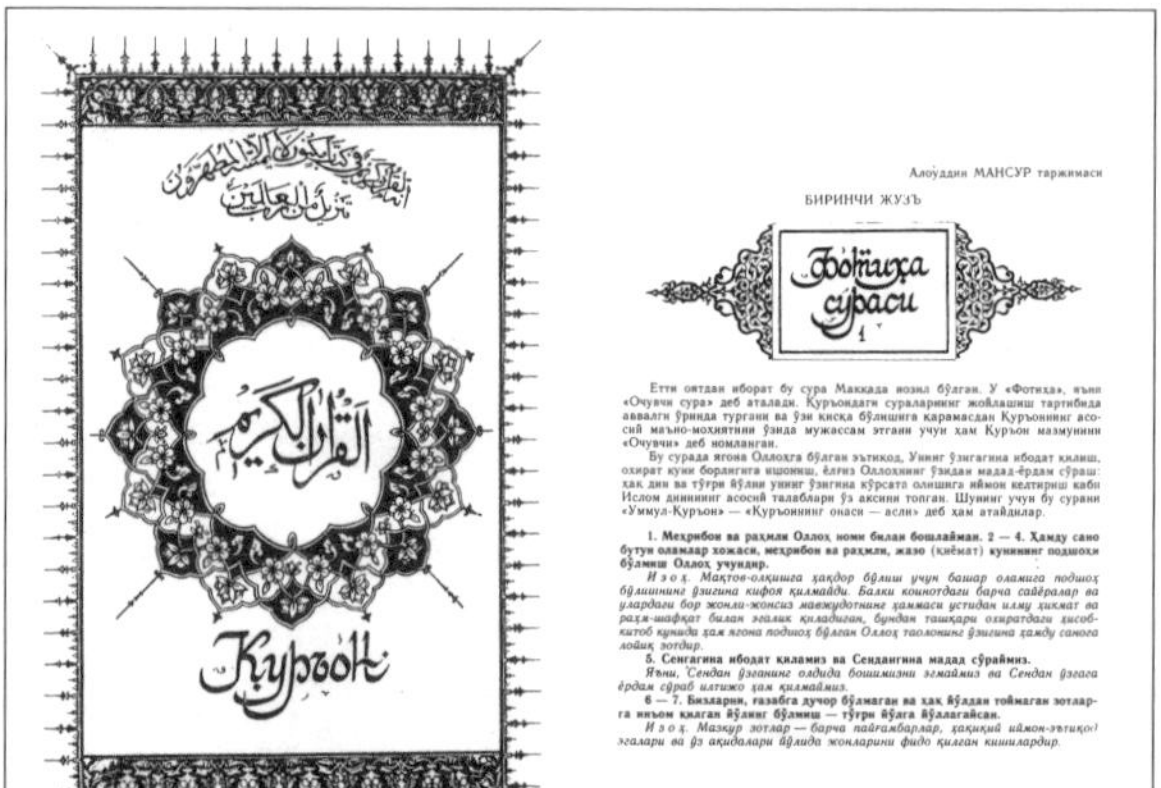
Қуръон

Алоуддин МАНСУР таржимаси

БИРИНЧИ ЖУЗЪ

Фотиҳа сураси
1

Етти оятдан иборат бу сура Маккада нозил бўлган. У «Фотиҳа», яъни «Очувчи сура» деб аталади. Қуръондаги сураларнинг жойлашиш тартибида аввалги ўринда тургани ва ўзи қисқа бўлишига қарамасдан Қуръоннинг асосий маъно-моҳиятини ўзида мужассам этгани учун ҳам Қуръон мазмунини «Очувчи» деб номланган.

Бу сурада ягона Оллоҳга бўлган эътиқод, Унинг ўзигагина ибодат қилиш, охират куни борлигига ишониш, ёлғиз Оллоҳнинг ўзидан мадад-ёрдам сўраш; ҳақ дин ва тўғри йўлни унинг ўзигина кўрсата олишига иймон келтириш каби Ислом динининг асосий талаблари ўз аксини топган. Шунинг учун бу сурани «Уммул-Қуръон» — «Қуръоннинг онаси — асли» деб ҳам атайдилар.

1. Меҳрибон ва раҳмли Оллоҳ номи билан бошлайман. 2 — 4. Ҳамду сано бутун оламлар хожаси, меҳрибон ва раҳмли, жазо (қиёмат) **кунининг подшоҳи бўлмиш Оллоҳ учундир.**

Изоҳ. Мақтов-олқишга ҳақдор бўлиш учун башар оламига подшоҳ бўлишнинг ўзигина кифоя қилмайди. Балки коинотдаги барча сайёралар ва улардаги бор жонли-жонсиз мавжудотнинг ҳаммаси устидан илму ҳикмат ва раҳм-шафқат билан эгалик қиладиган, бундан ташқари охиратдаги ҳисоб-китоб кунида ҳам ягона подшоҳ бўлган Оллоҳ таолонинг ўзигина ҳамду санога лойиқ зотдир.

5. Сенгагина ибодат қиламиз ва Сендангина мадад сўраймиз.

Яъни, Сендан ўзганинг олдида бошимизни эгмаймиз ва Сендан ўзгага ёрдам сўраб илтижо ҳам қилмаймиз.

6 — 7. Бизларни, ғазабга дучор бўлмаган ва ҳақ йўлдан тоймаган зотларга инъом қилган йўлинг бўлмиш — тўғри йўлга йўллагайсан.

Изоҳ. Мазкур зотлар — барча пайғамбарлар, ҳақиқий иймон-эътиқод эгалари ва ўз ақидалари йўлида жонларини фидо қилган кишилардир.

▲ウズベキスタン作家同盟の機関誌『東方の星』に掲載されたウズベク語訳のクルアーン

ソ連時代には厳しく抑圧されたスーフィー教団にも復活の兆しがあらわれた。ソ連時代、スーフィズムの伝統は民衆の習俗にとけこむことにより、あるいは少数のイシャーンによって細々と受け継がれていたが、一九九〇年代になって再生するようになったのである。これにはパキスタンやトルコなど海外の教団による活動の影響もあったが、復興の主流はフェルガナ地方など中央アジアの内部から生まれた。なかにはコーカンド出身のハズラト・イシャーン・イブラヒムのように、フェルガナ地方からタシュケント地方、カザフスタン南部に一万から二万ものムリードを有し、その周辺にさらに多数の敬愛者《ムフリス》をもつようなナクシュバンディー教団の導師もあらわれた。フェルガナ地方には在家での修行を説いた名祖ナクシュバンドに帰される句「心は神に、手は職に」を正面に掲げるモスクも出現した。かつて中央アジアの政治と社会に大きな影響力をふるったスーフィー教団が、再生をはたしたのちにどのような展開をみせるのか、これはこれからのイスラーム復興の重要な局面として注目に値する。

新独立国家のイスラーム

このようなイスラームの再生は、十数世紀来、中央アジア社会に根づいていたイスラームをふたたび取り戻そうとする自然な動きだったともいえるが、別の見方をすれば、その背景にはペレストロイカ期にあらわとなったソヴィエト文明への幻滅や反発、民族的なアイデンティティの回復と主張、あるいは公正な社会秩序を重んじるイスラームへの期待感があったと考えられる。一九九一年にソ連からの独立をはたした各共和国の指導部も、政治と宗教とを峻別する世俗主義の原則は堅持しながら、イスラームは民族文化の重要な要素であり、その意味で新しい国民統合に貢献できることを理解していた。ブハーリーやナクシュバンドなど「父祖の偉業」を顕彰する行事は、国家の支援をえてさかんにおこなわれるようになり、彼らの廟も見違えるように整備・美化されている。ゼンギーアタ廟も同様である。二〇〇七年には大統領の裁可をえて、タシュケントの中心部に新しい金曜モスクが建立された。スターリン時代の粛清の犠牲となったジャディード知識人も、いまや「独立の英雄」として再評価されるようになった。

しかし、宗教が政治に関与する余地は、後述するタジキスタンの場合を除くと認められてはいない。例えばウズベキスタン憲法(一九九二年制定)は、国民に信教の自由を保障し(三一条)、国家による宗教団体への不介入の原則を示す一方で、宗教的な反目をあおる政党や団体、宗教的な特徴を掲げた政党の結成を禁止している(五七条、六一条)。ウズベキスタンは一九九八年に宗教団体の登録を厳格化することによって、独立後に急増したマドラサの多くを閉鎖し、ソ連時代から非合法に運営されていた私的なフジュラも禁止した。

政権はムスリム宗務局を介してイスラーム教育を統制・管理しており、そこで基軸となっているのは、中央アジアに継承されてきたハナフィー・マートゥリーディー派の神学・法学の教義である。一九九九年四月に創設された国立のタシュケント・イスラーム大学は、イスラームをはじめとする宗教の学術的な研究と教育を目的としているが、そこには世俗主義に適合したイスラームのあり方を提示し、それを担うイマームなどの人材を養成しようとする政府の意図を読みとることができる。公教育では、宗教教育がおこなわれることはもちろんないが、宗教史に関する科目は設けられており、とりわけウズベキスタンの地にゆかりのゾロアスター教や仏教、イスラーム、またブハーリーなど中央アジアから輩出した学者たちの業績、キリスト教や仏教などの世界宗教、さらに高等教育段階では信教の自由と宗教団体に関する法規定などに重点をおいた教育がおこなわれている。

一口にイスラーム復興といっても、それはもちろん一様に進展したわけではない。同じ中央アジアでもイスラームの再生には地域によって相当の温度差がみられる。それが顕著なのは南部のウズベキスタンとタジキスタン、そしてフェルガナ地方の一部をなし、ウズベク人の多く居住するキルギス南部

▲2007年タシュケント市内に落成した新金曜モスク　右手前は「ウスマーンのクルアーン」(54, 82頁参照)をおさめた収蔵庫。

であった。この三国にまたがるフェルガナ地方は、中央アジアでもっとも人口密度が高く、イスラームの伝統が強い地域として知られている。その一方で、ソ連時代の世俗主義的な環境や教育のために、たとえ家族・親族や近隣コミュニティ(マハッラ)との関係上、人生儀礼におけるイスラーム的慣行には従っても、とりたててイスラーム信仰への関心をもたない人々も少なくない。

人々の信仰のありようについて、二〇〇五年にウズベキスタンでおこなわれたアジア・バロメーターの世論調査結果は、いくつか興味深い傾向を伝えている。信仰する宗教についてたずねると、スンナ派イスラームが七一％で最多を占め、これに続いてキリスト教一四・九％、無宗教八・六％となるが、年齢別にみるとスンナ派ムスリムの場合、二十代から四十代までは七割以上が信徒と答えているのに対して、六十代では六割台に落ちている。これはソ連時代の世俗主義の影響が高年齢層により強いことと関係しているのかもしれない。日々の礼拝についてみると、毎日礼拝すると回答した人は三四・三％、毎週一度が九・九％、毎月が二・二％に対して、まったく礼拝しないは一六・三％となっており、そのうち毎日礼拝する人を年齢別にみると、六十代が五九・四％でもっとも高く、二十代から四十代がいずれも三〇％弱で続いている。六十代では無宗教と敬虔な信徒に両極分解していることがうかがわれ、全体としてみるとイスラームへの回帰はソ連解体後の新世代の間でも着実に進んでいるようにみえる。[4]

それでは、イスラームの復興は、他の宗教にどのような影響を与えたのだろうか。中央アジアにおいてイスラームについで多くの信徒をもつのはロシア正教会であり、それは十九世紀のロシア統治時代から長い伝統をもっている。ロシア正教もまたソ連時代には抑圧をこうむり、イスラームとの間に摩擦が生まれることもなかった。変化が生じたのは、中央アジア諸国の独立以後のことであり、それはロシア系住民の「本国」への大量移住というかたちであらわれた。一九八九〜九八年の間に中央アジア諸国からロシア連邦内に移住した人々の数は約二〇〇万と推定されている。しかし、彼らの移住は、後述するタジキスタン内戦のような直接の脅威からの避難、あるいは独立後の各共和国で進行した民族化政策(基幹民族の言語や地位、伝統文化などを重視、優遇する政策)に直面して社会的・経済的な将来性に不安を募らせた結果と考えるべきだろう。復興するイスラームがロシア系住民に違和感や疎外感をいだかせたことは事実だが、少数のイスラーム過激派を除くと、反キリスト教的な主張や運動はあらわれてはいない。

古くからブハラやサマルカンドなどのオアシス都市に居住し、地域の経済や文化の面で重要な役割をはたしてきたユダヤ教徒(通称はブハラ・ユダヤ人)も、ソ連解体後の二〇年間におよそ八万人がイスラエルやアメリカに移住し、残る人々は一万に満たなくなってい

4 Timur Dababaev, How does Transition Work in Central Asia? Coping with Ideological, Economic and Value System in Uzbekistan, pp. 304-305.

る。彼らの移住の要因もまた、ムスリムとの宗教的な軋轢《あつれき》というよりは将来性の確保にあったと考えられる。ソ連末期からキルギス南部では政治・経済的な要因によるキルギス人とウズベク人の民族衝突が繰り返されたのに対して、中央アジア全体をみても宗教的な要因にもとづいた衝突は起こっていない。このような宗教の共存関係は、これからの中央アジア社会にとっても重要な意味をもっている。

このような宗教間のバランスに変化をもたらしているのは、ソ連解体後に目立つようになったプロテスタントの伝道活動である。アメリカ、ドイツ、韓国などからの伝道グループは、とくにキルギスやカザフスタンで活発な活動を展開している。彼らは信教の自由という条件のもとで、在来の宗教にはない斬新で魅力的な文化・教育プログラムを活用しながら親密なコミュニティの形成をめざしている。しかし、イスラームからの改宗という問題は、伝統的なムスリム・コミュニティからは反発をまねき、政府もまた改宗に起因する暴力事件や紛争に警戒感を強めている。プロテスタントの活動は、九・一一事件(二〇〇一年)後のアメリカの対中央アジア政策の一環と解釈される場合もある。こうした一方で、政権のイスラーム過激派対策の一環として宗教団体一般への規制が強化された結果、イスラーム以外の少数派諸団体が認可などの手続きで苦境に立たされる事例も報告されている。

第4章　イスラームの政治化と過激化

イスラーム復興党の試み

一九八〇年代末からのイスラームの覚醒と再生に並行して、イスラームの政治化が進展した。革新派は、イスラームを個人の信仰や慣習の次元にとどめることなく、現実の政治や社会の次元でも実現すべきと主張し、イスラーム国家の建設すら議論していた。イスラーム復興タジキスタン青年団のヌーリー（七六頁参照）は、一九八六年八月、タジキスタンにイスラーム国家の樹立を求めて逮捕されている。彼はこの要求をソ連共産党第二七回党大会に提出するほど大胆であった。一九九〇年六月、連邦規模でのイスラーム復興をめざす全連邦イスラーム復興党《ナズハト》が生まれると、それは中央アジアにも影響を与えずにはおかなかった。

全連邦イスラーム復興党は、ダゲスタン人やタタール人、イスラームに改宗したロシア人らの主導によって、ヴォルガ河口のアストラハンで創設され、モスクワに本部をおいた。復興党は、連邦内のムスリムの統合をめざす「社会・政治組織」と自称し、頻発する民族紛争を告発する一方で、ソヴィエト憲法の遵守とテロリズムの拒否を言明した。このようにソ連の存続を前提としながらも、党の綱領はイスラームの宣教とスラヴ系住民の改宗促進、中央アジア・カザフスタン・ムスリム宗務局管轄下の公認ウラマーの腐敗告発、ムスリム学校の再開、ザカート(定めの喜捨)やサダカ(自発的喜捨)にもとづいた社会正義の実現、さらにはクルアーン(コーラン)とスンナにもとづいて現代の諸問題に答える」ウラマー評議会の開設やアルジェリアの「イスラーム救国戦線」(FIS)支持など、イスラーム復興主義の目標を明確に掲げていた。こうした動きを受けて、ウズベキスタンやタジキスタンでも共和国別の復興党を結成する試みが始まった。しかし、全連邦イスラーム復興党自体は、一九九一年のソ連解体とともに急速に力を失った。

ウズベキスタンの動向

ここでは共産党の妨害や、イスラームにもとづいた党派の結成を否定する宗務局の反対に直面し、復興党の結成は失敗に終わったが、フェルガナ地方の革新派は、ムスリム共同体の指導に重要な意味をもつ金曜モスクの再開や新築をめぐってハナフィー派と競い合い、アンディジャンではアブドゥワリ・カリ率いる革新派が勝利をおさめた。それは資金源とともに説教の権利をえたことを意味する。彼らはモスクやマドラサを拠点に活動を強め、存在を誇示するようになった。一九九一年八月末、ウズベキスタンがソ連からの独立を宣言してからまもなく、アブドゥワリ・カリはアンディジャンの金曜モスクでの説教で、「なおも権力を保持している元共産党員にイスラーム復興への支援を期待することはできない」と述べ、「イスラームの敵であるユダヤ人と無神論者は、ムスリムの自決しようとする意図をつねに妨害し、国家の要職を独占しようとするだろう」と言明した。

イスラームの政治的な地位を確立しようとした革新派が期待をかけたのは、若い世代のムスリムであった。彼は翌年初めの集団礼拝での説教で次のように語ったという。

わが同胞、兄弟、姉妹の中には、慣習と慣行に身を委ね、聖者廟を訪れては死せる聖者たちに悩みを打ち明け、犠牲を捧げては祈願をするものたちがいる……彼らはトイ〔祝祭〕の席では許されざる、いとうべき行為を犯している……このような同胞からは、イスラームの政治的な地位を取り戻すための行動など、とても期待することはできない……われわれが期待するのは諸君、すなわちいとうべき禁忌、慣習と慣行に毒されていない君たち若者なのだ。[1]

このように革新派が政治的な主張を強めるのに対して、宗務局は穏健なハナフィー派の

[1] Bakhtiyar Babadjanov, Debates over Islam in Contemporary Uzbekistan: a View from Within, p. 55.

教義に従い、革新派の主張する厳格なイスラームは中央アジアの伝統的なイスラームにはなじまないという立場から、「ワッハービー」との対決を深めていった。これに対して、革新派は宗務局の堕落や腐敗を批判して対抗し、両派の間には暴力事件も起こった。新任のムフティー、ムハンマド・ユースフ（在任一九八九〜九二）は、ムスリム共同体の和解とあわせて宗務局を政府から自立した組織にしようと試みたが、いずれも失敗に終わった。ワッハービーと政権との「奇怪な連携」によって解任されたムフティーはカダフィ政権下のリビアに去った（二〇〇二年に帰国）。このようなムスリム指導者間の抗争と混乱は、信者の間にも不安と動揺をまねき、革新派の挑戦的な教説に鼓舞された青年を中心とする急進派は「アダーラト（正義）」や「イスラーム戦士団」などの運動組織を結成した。

　これらの組織は、革新派の勢力が強かったフェルガナ地方のナマンガンに生まれた。一九八八年に結成された「ア

▲**現代の中央アジア**（フェルガナ地方を中心とした南部地域）（小松久男編『中央ユーラシア史』454頁をもとに作成）

ダーラト」は、「イスラーム民警」ともいえる青年組織であり、メンバーは入会するにあたって「ナマンガン、そしていずれはウズベキスタン全土にシャリーアにもとづいた秩序を確立するために奮励努力する」ことを誓約したという。その活動は、ソヴィエト体制の秩序が解体しつつある中で、軽犯罪の取り締まりや腐敗した警察・犯罪集団からの企業や商店の保護をおこない、保安サービスの代償としてウシュル(税)を徴収して組織の資金源としたほか、礼拝の励行や公正な取引、アルコール飲料の販売・飲酒の禁止、女性のスカーフ着用を求めることなどからなっていた。ターヒル・ヨルダシュ(一九六七〜二〇〇九)に率いられた数千人規模のアダーラトの活動はしだいにエスカレートして、市内はさながら「イスラーム解放区」の様相を呈するようになった。メンバーによる殺人や暴力、強奪などの不法行為を告発した検事が、逆に殴られたうえに謝罪を強制されるような事件も発生した。一九九一年末には、そのメンバーの中から武闘訓練を受けた、より急進的なグループが「イスラーム戦士団」を結成した。なかにはかつてアフガニスタンで兵士として戦った経験のある若者も含まれていた。

ターヒル・ヨルダシュとその組織がその存在を誇示したのは、独立直後の一九九一年末、彼らが占拠した旧地方共産党本部の前で開かれた大集会で、遊説中のカリモフ大統領をむかえた時のことである。二万もの聴衆の前でヨルダシュは自己の力を誇示しようとした。

マイクをとろうとした大統領に彼はこういったという。「いや、ここを仕切るのは私だ。話はしてもらうが、私がいうまで黙っていてもらおう」と。これを受けて彼の部下たちは「アッラー・アクバル」の大音声《だいおんじょう》をあげたという。ここでヨルダシュが読み上げた要求は、ウズベキスタンをイスラーム国家と宣言し、議会を解散してムスリム指導者を大統領候補に指名することなどであった。しかし、これに続いて市民代表が読み上げを求めた要求は、給与の増額やインフレ対策など、まったくの経済的な要求であり、市民の関心はほとんどこれにあったことがわかる。カリモフは、イスラーム国家などについては即答を避け、反対に経済対策を雄弁に語ることによってこの場を切り抜けた。ヨルダシュはこの集会を勝利と理解して最高アミールと自称し、部下はムジャーヒディーン（聖戦士）と称した。しかし、カリモフ政権は直後の大統領選挙で大勝すると[2]、ただちに逆襲に転じ、多数のメンバーを逮捕した。

カリモフ政権は一九九二年以降、「ワッハービー」とその支持者に対する厳しい弾圧を開始した。この時期は、ちょうど隣国のタジキスタンで旧共産党系の政権とイスラーム復興党を中心とする反対派との対立関係が緊張をまし、やがて流血の内戦が始まる時期とかさなっている。弾圧の結果、多くの「ワッハービー」が逮捕・拘束されたが、「イスラーム戦士団」の指導者ジュマ・ナマンガニー（一九六九〜二〇〇一）やヨルダシュら一部の活

2　この時カリモフは，ソ連からの独立の賛否を問う国民投票（賛成 98.2%）と同時におこなわれた大統領選挙に臨み，対立候補の詩人でエルク（自由）党党首であったムハンマド・サーリフの 122 万票に対して，851 万票という大差で勝利をえた。なお，カリモフは 2016 年９月に死去するまで大統領職にあった。

動家は隣国のタジキスタン、ついでアフガニスタンに逃れ、やがて武装集団ウズベキスタン・イスラーム運動(IMU)を組織することになる。ちなみに、彼らの「精神的な父」とされるアブドゥワリ・カリは、一九九〇年末に預言者ムハンマドの「聖遷」にならって、自分たちを正しい信仰のゆえに疎外され、追放された「異邦人《ガリーブ》」とみなす説教をおこなったが、このタームはのちにIMUの宣伝活動でも用いられることになった。ウズベキスタンをあとにしてタジキスタンやアフガニスタンに拠点を求めたIMUからすれば、「聖遷」は自己を正当化するためにまさに好適な用語だったからである。

タジキスタン内戦(一九九二〜九七年)

ソ連の中でも経済的にもっとも貧しい共和国であったタジキスタンでは、一九九〇年二月の首都における騒乱事件以来、深刻な社会・経済問題を背景に政治危機が続いていた。九一年九月の独立後も政治危機はおさまらず、共産党が復権する一方で民族主義者の人民戦線ラスタヒーズや民主党などがこれに激しく反発するという混乱が続く中で、タジキスタン・イスラーム復興党は九一年十二月、政党としての公認をえることに成功した。党首は前記のヌーリーである。党は中央アジアで最初の合法的なイスラーム政党であった。党イスラーム復興党は、主権国家タジキスタンの再生のためにはイスラームの規範を確立す

◀**反政府集会で軍人と対話する老人**
1990年2月18日，非常事態宣言下のドゥシャンベで開かれた集会には1万5000人が参加した。この集会には，タジキスタンのムスリム指導者トゥラジャンザーデも参加していた。

ることを第一の条件とみなし、政治的および法的な権利を保障されたムスリムが共和国の政治と経済、文化の領域で主体的な役割をはたすことを求めた。党員二万を数えた復興党は議会政党として活動することを明言したが、共和国を分断する地域閥間の抗争がもたらした政治・社会危機の中で党勢を拡大しながら急進化した。

翌年二月、中央アジア・ムスリム大会[3]に出席した復興党代表のヒンマトザーダは、「イスラームは宗教であり、国家である」ことを前提に、モスクを基地として政治活動を展開する必要性を説き、レバノンのヒズブッラーやパレスチナの同胞への精神的な支援を呼びかけた。大会決議もパレスチナやレバノン、カシミール、アフガニスタンのムスリムとの連帯を表明していた。復興主義者の視界は、広くイスラーム世界に開かれていたのである。

内戦は、共産主義対イスラームという単純な対抗関係ではなく、その背景には地域閥間の抗争があった。タジキスタンの国土はパミール高原に連なる山脈によっていくつもの地域に分断されているという条件もあり、一九二四年の(自治)共和国創設以来、国内には一連の地方閥が存在していた。その中でも北部のレニナバード(現ソグド)州と南部のクラーブ(現ハトラン)州の閥が長く共産党と政府を支配して特権を享受し、これに対して中部山岳のガルム州と五〇年代から六〇年代にかけて平野部での綿花栽培を拡大するために、同州から強制的に移住させられた人々の多い南西部のクルガンテッパ州(現ハトラン州西部)

3　1992年2月末にタシュケントで開かれた中央アジア・ムスリム臨時大会は，カザフスタンの離脱を受けて宗務局の名称を改め，これを中央アジアのイスラーム化に由来する歴史的な地域名称にちなんで「マーワラーアンナフル・ムスリム宗務局」とすることを決議した。しかし，この宗務局もまもなく共和国別に分裂し，いずれも政権の統制下におかれるようになった。

の閥は不満を募らせ、さらに宗教（シーア派のイスマーイール派）・言語的な独自性をもつ東南部のバダフシャン閥は権力拡大の機会をうかがうという構造ができあがっていたのである。イスラーム復興党はソ連時代に冷遇されてきた地域により多くの支持者をもっていた。内戦は、ソ連解体にともなう秩序崩壊の中で、これらの地域閥が権力と資源の配分をめぐって起こしたと考えるべきだろう。

一九九二年五月、旧共産党系の政権とラスターヒーズ・民主党・イスラーム復興党からなる反対派勢力との間に内戦が始まると、イスラーム復興党は、宗務局長トゥラジャンザーデ（一九五四〜　）ら指導的なウラマーや有力なイシャーンの協力をえてすぐれた大衆動員力を発揮し、アフガニスタンのムジャーヒディーンから武器を調達して、旧共産党系政権と戦う反対派の中核を構成した。一九九三年六月に結成されたタジク反対派連合の代表を務めたのは、イスラーム復興党の指導者ヌーリーであった。しかし、この内戦は極貧の共和国に大きな打撃を与えた。ロシアとウズベキスタンに支援された旧共産党系勢力が反対派をほぼ制圧するまでに、死者は六万を数

▲**タジキスタンの地方勢力**（小松久男編『中央ユーラシア史』449頁をもとに作成）

え、六〇万人以上の国内難民に加えて、七万をこすタジク難民がやはり内戦下のアフガニスタンに身を寄せることになった。復興党も南接するアフガニスタン領内に本拠を移して抵抗を続けることを余儀なくされたが、それはタジキスタンの内戦がアフガニスタン（北部にはタジク人が多く居住している）のそれと一体化する危険すら示していた。タジキスタン内戦の「教訓」に学んだ中央アジア諸国の政権は、「ワッハービー」に対する警戒と抑圧をいっそう強化した。そのさい「イスラーム原理主義の脅威」が、現政権による反対派抑圧を正当化する口実として利用された面も無視することはできない。

国際連合をはじめロシア、イラン、そしてアフガニスタン北部同盟のタジク系司令官マスード将軍（一九五六～二〇〇一）らが加わった長期にわたる交渉のすえ、一九九七年六月の国民和解協定の締結によって内戦はようやく終結した。復興党はタジキスタンの分裂と解体を望まなかったともいえる。内戦の中で地歩を固めたラフモノフ（ラフモン）[4]政権とイスラーム復興党をはじめとする反対派連合とが協議によって停戦・和解したことの意味は大きいが、一九九八年七月には日本の国際政治学者秋野豊を含む国連タジキスタン監視団のメンバーが武装グループによって殺害されるという悲劇も起こった。和解ののち、イスラーム復興党はふたたび公認を受け、国内での活動を再開したが、権威主義の度を強めるラフモン政権との間の緊張関係は絶えず、しかもその後の選挙では大敗を喫し、現実主義

[4] 1994年に大統領となったラフモノフ（1952～　）は，2007年にタジク語式にラフモンと改名した。

をめざす穏健派と強硬派に分裂した。二〇〇六年に練達の指導者ヌーリーを失ったイスラーム復興党は苦境に立たされ、二〇一〇年の議会選挙では二議席を確保するにとどまった。[5]

しかし、イスラーム復興党が退潮をむかえたとしても、ソ連の解体後にイスラームが社会に回帰しているのは事実である。ラフモン政権も国民統合と過激派対策のためにイスラームを取り込む方向に進みつつあるが、その政策は無器用で一貫性を欠くようにみえる。政権は、すでに内戦時から宗務局を骨抜きにすべく、これを政府監督下のイスラーム・センターに転換し、ウラマー高等会議も創設したが、ムスリムの信頼をえるにはいたっていない。その一方で、二〇〇八年には統制的な宗教団体法を制定し、政府の宗務部は宗教団体に直接介入できるようになった。

このようななかでタジキスタンのムスリムに今も影響力をふるっているのは、前記のトゥラジャンザーデである。カーディリーヤ教団のイシャーンの家系に属し、内戦後は副首相も務めた彼は、『シャリーアと社会』(二〇〇六年)の中で、宗教と社会、そして政治問題を広く論じている。宗教教育の不足や不徹底のために今も残る迷信や無益な慣行(法外な出費をともなう祝祭など)を批判し、アルコールや他の薬物に関するイスラーム法の規定を解説したあとに、彼がとくに強調するのは、ソ連解体期からあらわとなったサラフィーヤをはじめとする外来の教義に対する断固たる拒否の姿勢、ならびにイスラームとタジク民

5 タジキスタン司法省は2015年8月，このイスラーム復興党の活動を禁止し，党は「過激主義者・テロリスト組織」のリストに加えられた。党の指導部はこうした措置の不当性を訴えているが，禁止令は解かれていない。

族文化との分かちがたい関係である。彼によれば、「真のイスラーム」とは「民族文化の完成、民族の統合、安定と安全、倫理・道徳の向上、われわれの社会の発展」の源泉であり、「タジキスタンにおける民族文化の再発見とは、タジク人の民族文化の構成における、イスラームおよびイスラーム的な価値の明白な役割と位置の再発見にほかならない」のである。ここには中央アジアのハナフィー派の伝統をタジク・ナショナリズムと結合させながら、外来の教説や運動に対抗しようとする意図を見出すことができるだろう。彼は内戦による崩壊の危機を乗りこえた独立国家タジキスタンに適合した規範的なイスラームを提示しているのである。[6]

ウズベキスタン・イスラーム運動

一九九〇年代半ば、ターリバーンがアフガニスタンで勢力を確立する頃から、中央アジア南部ではウズベキスタン・イスラーム運動（ＩＭＵ）と称するイスラーム武装勢力の活動が顕著となった。ＩＭＵは、前記のヨルダシュやナマンガニーらフェルガナ地方を逃れた急進派グループが結成した組織である（九九頁参照）。彼らは最初の亡命先のタジキスタンでタジク反対派連合と共闘するとともに若い戦士の軍事訓練に励み、一九九七年にはそのための教科書『ジハード教程』が作成された。この教程は、殉教者が死に際して感じる痛

[6] Tim Epkenhans, Defining normative Islam: some remarks on contemporary Islamic thought in Tajikistan - Hoji Akbar Turajonzoda's *Sharia and society,* pp. 86-87.

みは蟻《あり》の一刺しに等しく、天国ではあらゆる食物に恵まれ、七二人の美しい処女を娶《めと》ることができるなどの教えを説いていたという。教程にみられる単純な教説は、若い戦士たちの心をつかんだかもしれないが、かつてのターイブのジハード論（三七頁参照）とは対照的である。同じ頃、ヨルダシュはハッカーニーヤ学院などパキスタン国内のマドラサに学ぶウズベク人学生の徴募にもあたっていたという。

その後アフガニスタンにはいった彼らは、ターリバーン、アル・カーイダ、パキスタンやサウジアラビアのイスラーム復興主義組織などの支援をえて武装組織を編成し、同時にクルアーンやハディース、神学の古典文献などに依拠してジハードを正当化する論理の構築を試みた。九〇年代末にＩＭＵの理論家が書いた論説には次のようなくだりがある。

ムスリム世界は抑圧のもとにある。ムスリムの一部は不信心者の支配する国に住んでいるとすれば、残りは反イスラーム政策を進めるアメリカの影響下にある国に住んでいる。……イスラームを全世界に広めるためには、イスラーム法が完全に適用される国をもたねばならない。……有害な政策のためにウズベキスタンの何百万というムスリムは彼らの宗教を忘れている。そのウラマーはこの事態に気づいているが、高みの見物をするかのように、ムスリム共同体が不信仰の深淵に沈んでいくのを傍観するばかりである。ムスリムに正しい道を示すかわりに、彼らは温室にいるかのように些細な問題への解答を求める本を書き、論争にはいるのだが、信徒の共同体は深淵に沈んでゆく。こうしたことが世界中で起こっているのだ。だからこそ、われわれは特定のムスリム共同体にジハードの発想がなければ、それはもはやムスリムとはいえないと主張するのである。[7]

ＩＭＵは、このようなジハード論のもとにカリモフ政権の打倒を唱え、フェルガナ地方に侵攻して、そこを拠点にイスラーム国家を建設することを構想していた。一九九七年末、フェルガナ地方のナマンガンでイスラーム過激派の仕業とされる凄惨な殺害事件が起こると、カリモフ政権は「良心と宗教組織の自由に関する」法律を改定して、宗教組織への統制を強化する一方、ロシアおよびタジキスタンと共同して北コーカサス（チェチェンとダゲスタン）と中央アジアに広がる「イスラーム原理主義」と戦う決意を表明した。

こうしたなかで起こった一九九九年二月ウズベキスタンの首都タシュケントにおける爆弾テロ事件はＩＭＵの犯行といわれ、同年夏以降ＩＭＵの武装集団はフェルガナ地方への浸透を繰り返した。同年八月キルギス南部のバトケンで日本人技師らを拉致したのも彼らだった。これらの事件は中央アジア諸国に大きな衝撃を与え、ウズベキスタンでは一九九九年四月の大臣会議決議により、全国のマハッラに自警団《ボスボン》が組織されることになった。隣人コミュニティの治安維持にあたる自警団の任務には、過激派対策の予防措置や情報収集

7 Bakhtiyar Babadjanov, Islam in the Ferghana Valley: Between National Identity and Islamic Alternative, p. 325.

も含まれていた。しかし、テロ対策の徹底を打ち出したカリモフ政権が、「ワッハービー」の嫌疑と拘束を過激派とは無縁の敬虔《けいけん》な信徒にまで拡大したことは、政権による人権抑圧としてとりわけ欧米諸国から強い批判をまねく要因になった。また、地雷の敷設を含む国境管理の厳重化は、隣国との緊張関係を高めるとともに、国境をこえる人と物資の移動を制約することにもなった。それはとくにウズベキスタン、キルギス、タジキスタンとの国境線が複雑にまじわるフェルガナ盆地において人々の不満を高めている。

二〇〇一年六月ウズベキスタンが、ロシア・中国・中央アジア三国（カザフスタン・キルギス・タジキスタン）が一九九六年に結成していた地域協力機構「上海ファイブ」に加盟し、中央アジアの国際的な武装テロ組織対策に乗り出したのも、こうしたIMUの脅威に対抗するためであった。「上海ファイブ」はウズベキスタンの加盟をえて上海協力機構となった。「テロリズム、分離主義、過激主義」との戦いはユーラシアをまたぐ機構の重要な目標の一つであり、常設の地域対テロ機構がタシュケントにおかれることになった。さらにウズベキスタンとキルギスは、九・一一事件後「対テロ戦争」を発動したアメリカ軍に空軍基地を提供したが、このようなアメリカとの接近は、それまでロシアと中国が主導権をとってきた中央アジアの国際関係にも大きな変化をもたらした。

二〇〇一年末、ターリバーン政権はアメリカ軍などの軍事力によって崩壊し、IMUも

◀**上海協力機構の首脳会談**　2007年キルギスの首都ビシュケクで開催されたときの大型ポスター。

司令官のナマンガニーを失うなど大きな打撃を受けたが、ヨルダシュが率いる残存勢力はその後もパキスタン北部で活動を継続した。二〇〇四年三月、アフガニスタンとの国境に接する部族地域で武装集団の掃討作戦をおこなったパキスタン軍の情報によれば、そこにはヨルダシュ指揮下のＩＭＵ戦闘員とチェチェン武装勢力メンバーの根拠地があったという。そしてほぼ同時期にウズベキスタン国内ではタシュケントとブハラで女性の自爆テロを含む一連のテロ事件が発生し、カリモフ政権はこれをＩＭＵと後述するイスラーム解放党のテロ行為と断定し、非難した。続いて七月にはタシュケントのアメリカ・イスラエル両大使館とウズベク検察庁前で爆弾テロ事件が起こり、イスラーム・ジハード連合が犯行声明を出したが、それはパレスチナ、イラク、アフガニスタンの同胞を支援するためと述べていた。二〇〇九年八月、ＩＭＵの指導者ヨルダシュもパキスタン北部の部族地域におけるアメリカ軍の掃討作戦によって死亡したが、組織は存続している。ＩＭＵの今後はアフガニスタンとパキスタン、とりわけ予定されるアメリカ軍撤退後のターリバーン勢力の動向に大きく左右されることになるだろう。

グローバル化する運動

一方、ソ連末期から顕著となったのは、国際的なイスラーム復興組織による外からの働きかけである。イスラーム解放党（ヒズブッタフリール）の宣伝組織活動はその典型といえる。一九四九年エルサレムで結成された解放党は、現代のイスラーム世界を「不信仰の居住圏」とみなし、大衆的な教宣活動を展開したのちに、クーデタによる政権奪取と国民国家をこえたカリフ国家の再興をめざすところに特徴がある。早くも一九五三年に非合法化されたが、レバノンやイギリスを拠点に国際的な宣伝活動を続けた。解放党からみると、アフガニスタンはムジャーヒディーンがソ連軍を撃退して解放され、中央アジア地域もソ連が崩壊して無神論者の支配が終わった以上、アフガニスタンから中央アジア一帯にはイスラーム国家が建設されてしかるべきだ、という論理になるのかもしれない。その主張には結党以来の反イスラエルの姿勢も濃厚に示されている。

中央アジア南部への浸透は、一九八九年アブドゥラシド・カシモフがフェルガナ地方のアンディジャンに地方支部を開いたのがはじまりであった。彼はマッカ（メッカ）巡礼のさいに支部長に指名され、アブドゥワリ・カリに学び、アラビア語を習得したのち、党の創設者ナブハーニー（一九〇九～七七）の著作『イスラームの秩序』をウズベク語に翻訳・刊行したという。党の組織はピラミッド型の構造をしており、アミールともよばれる地方代表の下には地区や大都市の代表を務めるマスウルがおかれている。彼らが選任した補佐役は党のアラビア語文献の翻訳や刊行物の編集・配布にあたり、アミールが主宰する地方協議会は、マスウルのほか、寄付の徴募などにあたる財務担当者や出版の責任者から構成されている。こうした上部組織の下でマスウルが任命した各地区やマハッラのリーダー役が活動し、彼らは五～六人のメンバーからなるグループを指導するのだが、両者をつなぐのは信頼できる伝達役のみであり、中・下層のメンバーには誰が党員かほとんどわからない仕組みになっている。これは当局の摘発に備えたものといえるだろう。

解放党は当初、政府批判をおこなうものの、武力闘争ではなく宣伝活動による政権獲得を標榜してきたが、二〇〇三年のイラク戦争以後は「イスラームの敵」に対するジハードや自爆テロを容認する宣伝文があらわれ、一部の過激化がうかがわれる。例えば、二〇〇三年に解放党の中央アジア支部が配布した「ヒズブッタフリールの檄《げき》」と題するパンフレットは、アメリカとイギリス、アフガニスタンに干渉する国々、そしてイスラエルに対するジハードを合法とみなし、またイスラーム諸国の統治者に対しては、「イラクにおけるジハードへの参加を望むムスリムを妨害しないように勧告する」とともに、これを妨害

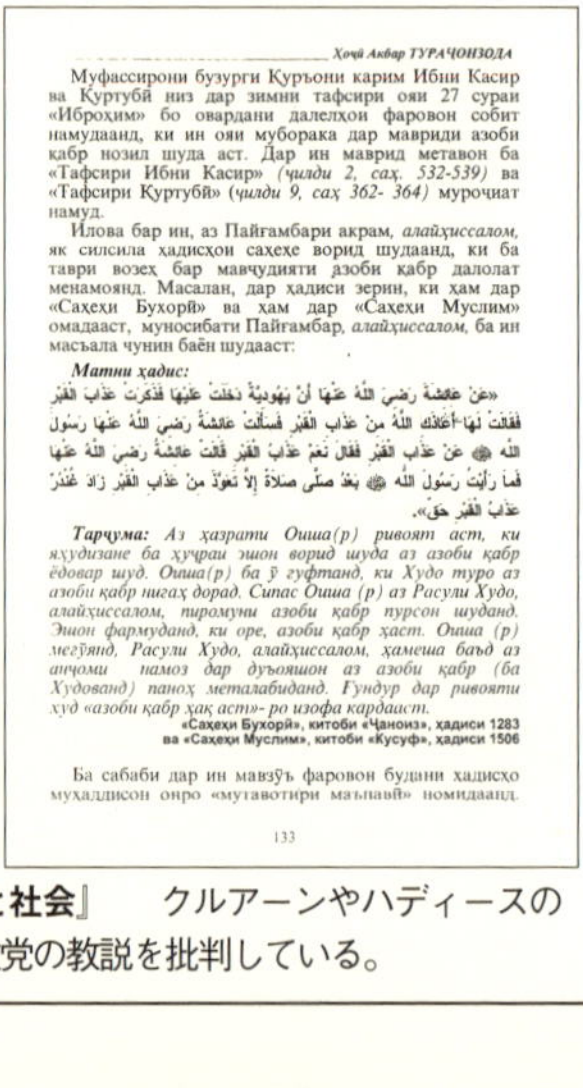
Ҳоҷӣ Акбар ТУРАҶОНЗОДА

Муфассирони бузурги Қуръони карим Ибни Касир ва Қуртубӣ низ дар зимни тафсири ояи 27 сураи «Иброҳим» бо овардани далелҳои фаровон собит намудаанд, ки ин ояи муборака дар мавриди азоби қабр нозил шуда аст. Дар ин маврид метавон ба «Тафсири Ибни Касир» *(ҷилди 2, саҳ. 532-539)* ва «Тафсири Қуртубӣ» (*ҷилди 9, саҳ 362- 364)* муроҷиат намуд.

Илова бар ин, аз Пайғамбари акрам, *алайҳиссалом*, як силсила ҳадисҳои саҳеҳе ворид шудаанд, ки ба таври возеҳ бар мавҷудияти азоби қабр далолат менамоянд. Масалан, дар ҳадиси зерин, ки ҳам дар «Саҳеҳи Бухорӣ» ва ҳам дар «Саҳеҳи Муслим» омадааст, муносибати Пайғамбар, *алайҳиссалом*, ба ин масъала чунин баён шудааст:

Матни ҳадис:

«عن عائشة رضي الله عنها أن يهودية دخلت عليها فذكرت عذاب القبر فقالت لها أعاذك الله من عذاب القبر فسألت عائشة رضي الله عنها رسول الله ﷺ عن عذاب القبر فقال نعم عذاب القبر قالت عائشة رضي الله عنها فما رأيت رسول الله ﷺ بعد صلى صلاة إلا تعوذ من عذاب القبر زاد غندر عذاب القبر حق».

Тарҷума: *Аз ҳазрати Оиша(р) ривоят аст, ки яҳудизане ба ҳуҷраи эшон ворид шуда аз азоби қабр ёдовар шуд. Оиша(р) ба ӯ гуфтанд, ки Худо туро аз азоби қабр нигаҳ дорад. Сипас Оиша (р) аз Расули Худо, алайҳиссалом, пиромуни азоби қабр пурсон шуданд. Эшон фармуданд, ки оре, азоби қабр ҳаст. Оиша (р) мегӯянд, Расули Худо, алайҳиссалом, ҳамеша баъд аз анҷоми намоз дар дуъояшон аз азоби қабр (ба Худованд) паноҳ металабиданд. Ғундур дар ривояти худ «азоби қабр ҳақ аст»- ро изофа кардааст.*

«Саҳеҳи Бухорӣ», китоби «Ҷаноиз», ҳадиси 1283
ва «Саҳеҳи Муслим», китоби «Кусуф», ҳадиси 1506

Ба сабаби дар ин мавзӯъ фаровон будани ҳадисҳо муҳаддисон онро «мутавотири маънавӣ» номидаанд.

133

▲トゥラジャンザーデの『シャリーアと社会』　クルアーンやハディースのテキストを引用しながらイスラーム解放党の教説を批判している。

する者は「カーフィル(不信者)」とすら断定しているのである。

このような解放党の活動に対して、中央アジア諸国の政権はいずれも厳重な警戒と摘発をおこなっており、ウズベキスタンのムスリム宗務局は、すでに二〇〇〇年に解放党の活動はシャリーアに反するとのファトワー(法的判断)を出している。タジキスタンでも解放党はウズベク人の多い北部のソグド州で一定の支持者をえたが、二〇〇一年には禁止された。前記のトゥラジャンザーデは、二〇〇四年に解放党を批判する論説を発表している。彼によれば、政府はもっぱら治安対策の観点から対応しているが、それでは不十分であり、イスラームの基本的な教義にもとづいて論駁《ろんばく》しなければならないのである。すなわち、イスラームは民主主義の伝統を有し、かつてのマディーナ憲章[8]にみられるとおり、異文化に対して寛容な宗教である。カリフ制は国民国家を否定するものであり、とりわけサーマーン朝以来一〇〇〇年をへてようやく独立を達成したタジキスタンにとっては自己否定に等しい。タジキスタンの独立は神の恩寵の顕現とするトゥラジャンザーデからすれば、解放党の主張は到底容認することはできないのである。解放党はその後当局の統制がゆるいキルギスに拠点を移し、インターネットなどによる宣伝組織活動を継続しているが、ここでも潜在的な不安定要因とみなされている。

イスラーム解放党は、この地に新しい復興主義組織が生まれる媒介ともなった。現代を

8 マッカからマディーナ(メディナ)に移った預言者ムハンマドがユダヤ教徒と協定を結び,彼らの信教の自由と安全を保証したことをさしている。

イスラーム以前の無明時代《ジャーヒリーヤ》とみなし、主著『信仰への道』（一九九二年）で独自のイスラーム解釈をおこなったアクラム・ヨルダシェフ（一九六三〜二〇一〇）は、一時解放党の活動に加わり、その影響を受けたという。彼の組織アクラミーヤは、宗教活動と並んで中小企業・商業活動をおこなって経済的な基盤を固め、その利益によって共同基金《バイトゥル・マール》を創設して相互扶助に役立てた。このような活動は経済的な苦境にある人々の間に支持者を拡大し、ヨルダシェフ自身は当局の警戒をよんで一九九九年来獄中にあるにもかかわらず、フェルガナ地方をこえてロシア連邦内にもメンバーをもつようになった。アクラミーヤは長く過激派とはみなされていなかったが、最近の一研究によれば、それは政権の抑圧や保守的なムスリム多数派との対立の中で孤立を深め、カリモフ政権に挑戦するジハードを決起したという。

それは二〇〇五年五月アンディジャンに起こった惨劇に関係している。事件は、非合法組織アクラミーヤのメンバーとされる企業家たちの裁判が終局をむかえていた十三日未明、正体不明の武装集団が軍施設や刑務所などを襲撃して州庁舎を占拠したことに始まり、異変を知った市民が参集する中で武装集団と治安部隊との間に銃撃戦が始まり、女性や子どもを含めて少なくとも二五〇人をこえる死者を出す大惨事となった。事件は、直前の三月にアカエフ政権が崩壊した（チューリップ革命）ばかりの隣国キルギス南部を含むフェルガナ地方一帯に緊張状態をもたらし、国際社会にも大きな衝撃を与えた。事件の背景には国境をこえた組織の存在が推定されており、政府はイスラーム過激派組織アクラミーヤの仕業と断定したが、強権的な政権による「市民の虐殺」を非難する欧米諸国との関係は急速に冷却した。そして同年十一月、アフガニスタン作戦のためにウズベキスタン南部に駐留していたアメリカ軍は撤退を完了し、アメリカのプレゼンスが後退するのに反比例して、ロシアと中国の存在感が強まることになった。[9]

各国政府によってテロ組織とされたＩＭＵや活動を禁止されたイスラーム解放党の今後はなお予断を許さない。トゥラジャンザーデのようなハナフィー派ウラマーは、政府との関係はさておき、こうした組織の教説に対しては徹底的に拒否する姿勢をかためている。しかし、グローバル化の進む現代の環境では、中央アジアにもサラフィーヤをはじめとしてさまざまなイスラーム潮流が波及、浸透することは避けられない。それらは直截な教説を掲げてハナフィー派の伝統主義に挑戦している。ある意味で均衡のとれたソヴィエト・イスラームの時代はすでに過去のものとなった。

同時に独立から四半世紀をへても、強権的な政治体制や経済の低迷、公権力の腐敗と高い失業率など、政治・経済的な閉塞状況が続く限り、現状を批判し「公正で平等なイスラーム国家」を提示する新たな潮流の宣伝活動は、厳しい現実の中で誰よりも疎外感にとら

9　その後，キルギスも首都ビシュケクのマナス空港におかれたアメリカ空軍基地の閉鎖を決定し，アメリカ軍は2014年夏に撤退を予定している。

Column #03

コスタナイの歴史的なモニュメント

二〇一三年の八月、筆者はカザフスタン北部の都市コスタナイを訪ねる機会をえた。ロシアとの国境に近く、以前からロシア系住民の多い都市である。現在われわれが進めている研究プロジェクト「ソ連時代の記憶——過去と現代の照射」のために、ソ連時代を生きた人々にインタビューをおこなうことが訪問の目的であった。なかには今もなおソ連時代を評価し、共産主義者であることを誇らしげに語る人もいる。ある婦人のジャケットにはソ連時代の勲章がいくつも並んでいた。

ソ連時代にさまざまな集会やパレードがおこなわれた広大な広場から少し離れると、いくつもの帝政期の建造物がみえてくる。その保存と修復は良好で、長大な商館はロシアと中央アジアとを結んだ通商の拠点の面影を今に伝えている。かつて共産党の建物であった大学の近くには、スターリン時代の粛清の犠牲となった指導的なカザフ知識人バイトゥルスノフ(一八七三〜一九三七)の座像がすえられている。

市内の中心で異彩を放つのは、三基の塔を備えた青色の建造物、マラル・イシャーン・モスクである(六三頁参照)。十九世紀にこの地で多くのムリード(弟子)を有したタタール人の導師が建立したと伝えられる。たしかに様式はローカルなものではなく、むしろロシア風である。十八世紀末以来、ヴォルガ・ウラル地方のタタール人は、ロシアと中央アジアとを結ぶ商人あるいはイスラームの教師として、広大なカザフ草原に分け入り、各地に拠点を築いていった。マラル・イシャーンもそうしたタタール人の一人だったのだろう。ソ連時代にこのモスクは閉鎖され、やがて児童劇場として使用された。これもモスク転用の一例である。しかし、ソ連解体後、カザフスタンのナザルバエフ大統領は信徒の要望をいれ、モスクとして再開することを裁可した。

コスタナイから車で三〇分ほど行くと、鉄鉱業の街ルードヌイに着く。労働者の多かった町では、共産党の活動も盛んであったという。市内の博物館ではピオネールなど児童生徒への共産主義教育のありさまを伝える特別展示がなされていた。市内には右手を大きく掲げたレーニン像が今も健在である。その手前には一九七九年以後アフガニスタンに派遣されて不帰の人となったルードヌイ出身の青年たちの記念碑がある。ソ連の興亡を象徴するモニュメントの前に人影はないが、金曜日のマラル・イシャーン・モスクには次々と訪れる人々の姿があった。

▲アフガニスタンで戦死したソ連軍人の記念碑　銘文には「1979年から1989年までアフガニスタン民主共和国において国際的任務を遂行した戦士に」とある。

われた青年層の間に好適な土壌を見出す可能性がある。ワッハービーに対する治安対策だけでは無理があるだろう。一方で、政権はムスリムが大半を占める国民の統合あるいはイスラーム原理主義の抑止のために伝統的なイスラームの活用をはかるかもしれないが、過度な政策は社会の保守化をもたらすおそれがある。モスクを訪ねてみれば、いずれも祈りの場にふさわしい清潔で静謐《せいひつ》な空間を保っている。問題はモスクの外にあるのである。

最後に、中央アジアをより広い空間においてみるとどうなるだろうか。近年増大している在外労働者、すなわち中央アジア南部地域から北部のカザフスタンやロシア連邦内に出向いた人々は、中東や南アジアに発する多彩なイスラーム潮流のユーラシアへの普及を媒介するかもしれない。思えば、この南北を貫く軸線は、かつてイスラームの学徒やスーフィーたちが往還した道にほかならない。

ゼンギーアタ廟の風景

以上、帝政ロシアによる征服からソ連解体後の現在にいたるまでの中央アジアにおけるイスラームの動態を概観した。この大きな変動に満ちた近現代史の展開の中で、イスラームは優れた耐性を発揮したといえるだろう。これは一つにはターイブからヒンドゥスターニーに連なるハナフィー派の穏健で柔軟な解釈にあった。それは他者に対するジハードをいましめ、信徒の内面のジハードを強調しながら、社会秩序と共同体の安全を維持することを基本とした。ソ連時代の過酷な条件にもかかわらずイスラームの水脈がとだえなかった一因はここに求めることができる。ソヴィエト政権が容認した中央アジア・カザフスタン・ムスリム宗務局は、このようなイスラームを公式化する装置の役割をはたした。一方、広い意味でのロシア革命の中で生まれたムスリム知識人による自治運動は挫折したが、これにかわって成立した民族別共和国のシステムは、現代中央アジア諸国の基盤となっている。この間にはぐくまれた民族的なアイデンティティは、イスラームを民族的な伝統の中におさめることによって、たとえ無神論体制の下にあってもイスラームの水脈を保つことに貢献した。

現代中央アジアにおけるイスラーム復興は、ソ連解体という二十世紀末の世界史的な変動がもたらした巨大な渦から発したともいえる。この波動の中ではソヴィエト文明の遺産に加えて、外からのイスラーム復興主義の影響や九・一一事件以後の対テロ戦争の衝撃のように国境をこえる多様な力が作用しあっている。この間に宗教と政治は複雑に入り組んだ関係をもつようになった。革新派の出現以来、イスラームの理解自体も多様化している。イスラームを世俗主義国家における伝統的な民族文化の文脈でとらえる人々とイスラーム国家の建設を志向する人々との間は遠く隔たっている。イスラームをどこに、どのように位置づけるのか、イスラームは個人の信仰の中におさめられるのか、それとも広く社会と政治の領域においても積極的な意味をもつべきなのか、これは現代の中央アジアが直面している重要な課題の一つなのである。

今日もゼンギーアタ廟に参詣する人々の姿は絶えない。参詣者は中央アジア一円から訪れるという。廟の前にわきでる聖水をポリバケツに詰めて持ち帰る人も少なくない。中央アジアのイスラームはこれからどこへ向かうのか。それはこのゼンギーアタ廟の風景にも反映することだろう。[10]

[10] カバー裏の写真は現在のゼンギーアタ廟をその背後から撮影したもの。墓地の中に見える星印のついた墓標はソヴィエト時代のもので，廟が閉鎖されていた時代にも，ここに葬られることを望んだ人々がいたことを示している。

参考文献

アブデュルレシト・イブラヒム（小松香織・小松久男訳）『ジャポンヤ――イブラヒムの明治日本探訪記』（イスラーム原典叢書）岩波書店、二〇一三年
宇山智彦『中央アジアの歴史と現在』（ユーラシア・ブックレット7）東洋書店、二〇〇〇年
宇山智彦（編著）『中央アジアを知るための六〇章』（第二版）明石書店、二〇一〇年
帯谷知可「宗教と政治――イスラーム復興と世俗主義の調和を求めて」（岩﨑一郎・宇山智彦・小松久男編『現代中央アジア論――変貌する政治・経済の深層』日本評論社、二〇〇四年）
帯谷知可・北川誠一・相馬秀廣編『中央アジア』（朝倉世界地理講座5）朝倉書店、二〇一二年
小松久男「トルキスタンにおけるイスラム――総督ドゥホフスキー大将のニコライ二世宛上奏文」（『東海大学紀要文学部』五〇、一九八八年）
小松久男『革命の中央アジア――あるジャディードの肖像』（中東イスラム世界7）東京大学出版会、一九九六年
小松久男編『中央ユーラシア史』（新版世界各国史4）山川出版社、二〇〇〇年
小松久男・梅村坦・宇山智彦・帯谷知可・堀川徹編『中央ユーラシアを知る事典』平凡社、二〇〇五年
小松久男「聖戦から自治構想へ――ダール・アル・イスラームとしてのロシア領トルキスタン」（『西南アジア研究』六九、二〇〇八年）
小松久男「汎イスラーム主義再考――ロシアとイスラーム世界」（塩川伸明・小松久男・沼野充義編『記憶とユートピア』〈ユー

ラシア世界3〉東京大学出版会、二〇一二年）

須田将『スターリン期ウズベキスタンのジェンダー——女性の覆いと差異化の政治』（ブックレット《アジアを学ぼう》25）風響社、二〇一一年

ティムール・ダダバエフ『マハッラの実像——中央アジア社会の伝統と変容』東京大学出版会、二〇〇六年

ティムール・ダダバエフ『記憶の中のソ連——中央アジアの人々の生きた社会主義時代』筑波大学出版会、二〇一〇年

ティムール・ダダバエフ『中央アジアの国際関係』東京大学出版会、二〇一四年

バフティヤール・ババジャノフ（小松久男訳）「ソ連解体後の中央アジア——再イスラーム化の波動」（小松久男・小杉泰編『現代イスラーム思想と政治運動』〈イスラーム地域研究叢書2〉東京大学出版会、二〇〇三年）

濱田正美『中央アジアのイスラーム』（世界史リブレット70）山川出版社、二〇〇八年

濱本真実『共生のイスラーム——ロシアの正教徒とムスリム』（イスラームを知る5）山川出版社、二〇一一年

V・V・バルトリド（小松久男監訳）『トルキスタン文化史』（全二巻、東洋文庫）平凡社、二〇一一年

藤本透子『よみがえる死者儀礼——現代カザフのイスラーム復興』風響社、二〇一一年

堀江則雄『ユーラシア胎動——ロシア・中国・中央アジア』（岩波新書）岩波書店、二〇一〇年

山内昌之『スルタンガリエフの夢——イスラム世界とロシア革命』（新しい世界史2）東京大学出版会、一九八六年

Babadjanov, Bakhtiyar, Debates over Islam in Contemporary Uzbekistan: A View from Within. In Stéphane A. Dudoignon ed., *Devout Societies vs. Impious States? Transmitting Islamic Learning in Russia, Central Asia and China, through the Twentieth*

Century, Berlin: Klaus Schwarz Verlag, 2004.

Babadjanov, Bakhtiyar, Islam in the Ferghana Valley: Between National Identity and Islamic Alternative, In S. Frederick Starr ed., *Ferghana Valley: The Heart of Central Asia,* Armonk, New York: M.E. Sharpe, 2011.

Babadjanov, Bakhtiyar, The Economic and Religious History of a Kolkhoz Village: Khojawot from Soviet Modernisation to the Aftermath of Islamic Revival. In Stéphane A. Dudoignon and Christian Noack, ed., *Allah's Kolkhozes: Migration, De-Stalinisation, Privatisation, and the New Muslim Congregations in the Former Soviet Realms* (*1950s–2000s*), Berlin: Klaus Schwarz Verlag, 2014.

Babadjanov, B. and M. Kamilov, Muhammadjan Hindustani (1882–1989) and the Beginning of the "Great Schism" among the Muslims of Uzbekistan. In Stéphane A. Dudoignon and Hisao Komatsu eds., *Islam in Politics in Russia and Central Asia* (*Early Eighteenth to Late Twentieth Centuries*), London-New York-Bahrain: Kegan Paul, 2001.

Beisembiev, Timur K., *The Life of 'Alimqul: A Native Chronicle of Nineteenth Century Central Asia, Mulla Muhammad Yunus Djan Shighavul Dadkhah Tashkandi,* Edited and translated by Timur K. Beisembiev, London-New York: RoutledgeCurzon, 2003.

Belokrenitsky, V., Islamic Radicalism in Central Asia: The Influence of Pakistan and Afghanistan. In B. Rumer ed., *Central Asia at the End of the Transition,* Armonk-London: M.E. Sharpe, 2005.

Dadabaev, Timur, How Does Transition Work in Central Asia? Coping with Ideological, Economic and Value System in Uzbekistan, In T. Inoguchi ed., *Human Beliefs and Values in Incredible Asia: South and Central Asia in Focus, Country Profiles and Thematic Analyses Based on the Asia Barometer Survey of 2005,* Akashi Shoten, 2008.

Dudoignon, Stéphane A., *Communal Solidarity and Social Conflicts in Late 20th Century Central Asia: The Case of the Tajik Civil War,* Islamic Area Studies Working Paper Series, 7, Tokyo, 1998.

Epkenhans, Tim, Defining normative Islam: some remarks on contemporary Islamic thought in Tajikistan - Hoji Akbar Turajonzoda's *Sharia and society, Central Asian Survey,* Vol. 30, No.1, 2011.

Islam i sovetskoe gosudarstvo(*1917-1936*). *Sbornik dokumentov,* Vypusk 2, Sostavitel', avtor predisloviia i primechanii D.Iu. Arapov, Moskva: Izdatel'skii dom Mardzhani, 2010.

Islam i sovetskoe gosudarstvo(*1944-1990*). *Sbornik dokumentov*, Vypusk 3, Sostavitel', avtor predisloviia i primechanii D.Iu. Arapov, Moskva: Izdatel'skii dom Mardzhani, 2011.

Khalid, Adeeb, *Islam after Communism: Religion and Politics in Central Asia,* Berkeley: University of California Press, 2007.

Muminov, Ashirbek, Uygun Gafurov and Rinat Shigabdinov, Islamic Education in Soviet and Post-Soviet Uzbekistan, In Michael Kemper, Raoul Motika and Stefan Reichmuth eds, *Islamic Education in the Soviet Union and its Successor States,* London-New York: Routledge, 2010.

Naumkin, V. V., *Radical Islam in Central Asia: Between Pen and Rifle,* Lanham: Rowman & Littlefield Publishers, 2005.

Olcott, Martha Brill, *In the Whirlwind of Jihad,* Washington D.C.: Carnegie Endowment for International Peace, 2012.

Schuyler, Eugene, *Turkistan: Notes of a Journey in Russian Turkistan, Kokand, Bukhara, and Kuldja,* 2 vols, New York, 1877.

図版出典一覧

著者撮影　*63*下, *67, 71, 84, 85*（上・中・下）, *89, 107, 115,* カバー表・裏

著者提供　*39, 56*

『日本及日本人』509号，明治42年５月15日（東京大学大学院法学政治学研究科附属近代日本法政史料センター，明治新聞雑誌文庫所蔵）。　*44*

間野英二編『中央アジア史』同朋舎，1999年，218頁をもとに作成。　*61*

Abdürreşid İbrahim, *Âlem-i İslâm: Japonya'da İntişâr-ı İslâmiyet,* İstanbul, 1910の扉より。　*19*

Hoji Akbar Turajonzoda, *Shariat va Jomea,* Dushanbe, 2006.　*110*

J. A. MacGahan, *Canpaingning of the Oxus, and the Fall of Khiva,* London, 1874.　*17*

Shamsuddin Babakhanov, *Ziiauddinkhan ibn Eshon Babakhan: Zhisn' i deiatel'nost',* Tashkent, n.d., p. 190.　*69*右

V. I. Masal'skii, *Turkestanskii krai,* Sankt-Peterburg, 1913, p. 379.　*20*

Literaturnaia gazeta, 1990.2.21　*99*

Molla Nasreddin, 1908, No. 17表紙　*41*

Mushtum, 1926, No. 12.　*63*上

Mushtum, 1926, No. 25表紙　*63*中

O'zbekistonning Yangi Tarixi 2: O'zbekiston Sovet Mustamlakachiligi Davrida, Toshkent, 2000, p. 56.　*54*

Rossiia - Sredniaia Aziia, Tom 1, *Politila i islam v kontse XVIII - nachale XX vv.,* Moskva, 2010, p. 401.　*28*

Sharq Yulduzi, 1990, No. 3.　*86*

Sovet Sharq Musulmonlari, 1982, No. 4表紙　*69*左

Turkestanskie druz'ia, ucheniki i pochitateli, V.V. Bartol'du, Tashkent, 1927.　*3, 5*

［地図出典］

小杉泰編『イスラームの歴史２――イスラームの拡大と変容』（宗教の世界史12）山川出版社，2010年，133頁をもとに作成。　*12*

小松久男編『中央ユーラシア史』山川出版社，2000年，332頁をもとに作成。　*6*

同『中央ユーラシア史』406頁をもとに作成。　*58*

同『中央ユーラシア史』449頁をもとに作成。　*101*

同『中央ユーラシア史』454頁をもとに作成。　*96*

同『中央アジア史』同朋舎，1999年，218頁をもとに作成。　*61*

V. V. バルトリド『トルキスタン文化史２』（東洋文庫）平凡社，2011年，16頁をもとに作成。　*22*

小松久男（こまつ ひさお）

1951年生まれ。

東京大学大学院人文科学研究科博士課程中退。

専攻，中央アジア近現代史・中央アジア地域研究。

現在，東京外国語大学世界言語社会教育センター特別教授。

主要著書：『革命の中央アジア――あるジャディードの肖像』（東京大学出版会 1996），『中央ユーラシア史』（編著，山川出版社 2000），『岩波イスラーム辞典』（共編，岩波書店 2002），『中央ユーラシアを知る事典』（共編，平凡社 2005），『イブラヒム，日本への旅――ロシア・オスマン帝国・日本』（刀水書房 2008），『記憶とユートピア』（共編，東京大学出版会 2012年），『テュルクを知るための61章』（編著，明石書店 2016年），S. A. Dudoignon and H. Komatsu eds., *Islam in Politics in Russia and Central Asia* (*Early Eighteenth to Late Twentieth Centuries*), London-New York-Bahrain: Kegan Paul, 2001. S. A. Dudoignon, H. Komatsu and Y. Kosugi eds., *Intellectuals in the Modern Islamic World: Transmission, transformation, communication,* London-New York: Routledge, 2006.

イスラームを知る18

激動《げきどう》の中《なか》のイスラーム　中央《ちゅうおう》アジア近現代史《きんげんだいし》

2014年５月30日　1版1刷発行
2017年12月15日　1版2刷発行

著者：小松久男《こまつひさお》

監修：NIHU（人間文化研究機構）プログラム
イスラーム地域研究

発行者：野澤伸平

発行所：株式会社 山川出版社

〒101-0047　東京都千代田区内神田１-13-13
電話　03-3293-8131（営業）8134（編集）
https://www.yamakawa.co.jp/
振替　00120-9-43993

印刷所：株式会社 プロスト

製本所：株式会社 ブロケード

装幀者：菊地信義

 ISBN978-4-634-47478-9